书写人生的画笔 就握在自己手中

自立的幸福哲学

主编 拾 月
编著 马志阳

图书在版编目（C I P）数据

书写人生的画笔，就握在自己手中：自立的幸福哲学 / 马志阳编著. -- 北京：现代出版社，2014.7（2024.9重印）
ISBN 978-7-5143-2793-9

Ⅰ. ①书… Ⅱ. ①马… Ⅲ. ①品德教育－青少年读物
Ⅳ. ①D432.62

中国版本图书馆 CIP 数据核字(2014)第 166971 号

书写人生的画笔，就握在自己手中：自立的幸福哲学

主　　编	拾　月
编　　著	马志阳
责任编辑	王敬一
内文制作	诚美天下文化传播有限公司
出版发行	现代出版社
地　　址	北京市安定门外安华里 504 号
邮　　编	100011
电　　话	(010)64267325
传　　真	(010)64245264
邮　　箱	xiandai@cnpitc.com.cn
网　　址	www.1980xd.com
印　　刷	唐山富达印务有限公司
开　　本	700mmx1000mm　1/16
印　　张	9
版　　次	2014 年 8 月第 1 版　2024 年 9 月第 4 次印刷
书　　号	ISBN 978-7-5143-2793-9
定　　价	57.00 元

前言

青少年是社会最宝贵的财富，是人类的希望和未来，正所谓“少年强则国强”。为此，大至一个国家、一个民族，小至一个家庭、一个家族，都特别重视青少年的教育问题。希望他们成为社会的中坚，家族的骄傲。一句话，就是希望他们成为成功的人。于国，能成为有用的人才；于家，能成为顶梁柱。不仅仅要学习好，还要有辨别人世间的善、恶、美、丑的能力。在每个人的人生中，除了需要自身的因素之外，还需要拥有感受世界的能力。

自立、自强，是绝不服输的勇往直前，是毫不妥协命运的坚决。

自尊、自爱，是顶天立地的脊梁，是不容侵犯的尊严。

自警、自谦，是内心深处的自省，是人生旅途中的字字箴言。

自乐、自勉，是快乐的源泉，是前行的无穷动力。

自信、自知，是对自我最准确的定位，是对自我感知最真实的反馈。

青春，是人最美好的一段时光，也是人格、性格定型的重要阶段，在这个时期，我们需要享受青春的快乐，同时也需要完成自我塑造。通过心理自助，最终从一个小男生、小女生逐渐成长为一个有着健全人格的人，成长为一个对社会、对家庭、对自我有着相对完整认知的人，成长为能够为自己的未来做主的人。这才是一个最充实、最有价值的青春。每个梦想都值得我们认真对待，每个青少年都是未来的希望。在青春中我们不仅要有欢乐，同时也要拥有未来！

本丛书是你化解烦恼的“心灵鸡汤”，可以给你快乐的心理自助；本丛书会让你认识到：掌控心理，方能掌控世界；改变自己，才能改变一切。本丛书还将告诉你：只有实现积极的心理自助，才能收获快乐而充实的青春。

目录

第一篇 做一株独立行走的木棉

第二篇 滴自己的汗,吃自己的饭

第三篇 与其哀叹自己的命运，不如相信自己的力量

目录

第四篇 依靠他人只是暂时的，靠自己才是终生的

第五篇 成功的大门，要由自己敲开

第一篇

做一株独立行走的木棉

人生就像一张白纸，你能够在白纸上用不同的色彩描绘自己未来的蓝图。但是，假如你呆呆地犹豫不决地画，你手中的画笔就会被人抢走，在你的白纸上涂画些什么。于是你的职业、你的收入、你的住所，甚至你的一生的命运也就被别人决定了。

坚定地自立成就气质之美

故事话题

抗美援朝时期，许多人由于打仗而物质生活匮乏，没有基本的生存保障，更不用说打仗了。在这个危机四伏的时代下，唱《谁说女子不如男》的豫剧艺术家常香玉用自己唱戏的收入，一个人就为国家捐赠了几架飞机。毛泽东主席曾说：“这是一个具有不凡气质的艺术家，人民的艺术家。”

当时，大多数人都在为了生计而东奔西走，然而艺术家常香玉却为了国家，表现出大义凛然的气质，把个人的利益都忘得烟消云散了。

故事解析

有人说，自立是一种美。自立是高山，是大海，是天空和大地，是包容，是鲲鹏和参天的大树，是弥漫无边的风，是青草和花朵，是永远的郁郁葱葱，是永远唱不完的歌。而那些有自立气质的人，总会带着一种优雅，带着一种自信，带着一种从容，带着一种由内向外散发的不可抵挡的魅力。他们大都经历了岁月的洗礼，淘尽了身上的浮华，展现出来的，是一种沉静，一种怡情悦心的气质美。常香玉所体现出来的完全是一种人格上的气质，气质塑造了她，让她能为国家牺牲自己的利益。

中国历代有很多这样内外兼备、博学多才的人，他们的气质与修养使每一个谈及的人都会发自内心地钦佩与敬仰。

就像我们都熟悉与尊敬的宋庆龄女士，她的美丽、学识、大度、宽容、修养使许多人认识了什么是中国最有气质的人。

气质是一个简单而又奥妙的谜。气质来源于内心，是美丽的关键所在，人类征服一切的魅力，在于气质。气质不仅受先天生理素质的影响，也受后天种种因素的影响。也就是说，人的内在素质，是可以通过自身培养与修炼改变的。拥有优雅的气质就拥有了独特的个人修养。

气质与修养对于每一个人来说是一种永恒的诱惑，因为气质与修养不仅仅靠外貌就能获得，而且要拥有智慧与学识。

有人说富有知识的人能够永葆青春，因为有知识的人处于生活的最上层，享受的生活机遇比一般人更充分，如受教育的机遇，因而知识型的人应该是最快乐的人。

拥有学识应该是很重要的，因为它是帮你夯实你人生目标的基础。青少年拥有美貌可能是做事情的捷径，但拥有学识却是为你所憧憬的目标的实现奠定了基石。你不会因为美貌而可爱，但是会因为可爱而使人觉得你是美丽的，这与自己的修养和素质是分不开的。拥有学识会使自己变得独立、有主见，能力也是不言而喻的。

故事穿越

周恩来说“为中华崛起而读书”，体现了他的气质所在，而且在周恩来去俄罗斯留学的时候，就是一边去饭店打工，一边读书的。那时他完全靠的是自己。其身上具有的不仅仅是读书的气质，而是振兴祖国的气质。

自立者就是需要拥有这种学识的气质，坚定自立的理念，把握自己的人生方向。

故事微语

真正有学识、有涵养的人，是不会刻意炫耀自己的，像这种有学识的人，大都具有从内心散发出来的美。这种美没有任何的杂质在里面，是从骨子里透出来的一种灵气，一种气质，这种美才称得上深刻，称得上绝妙。

漫漫人生路，美丽来源于对自己的不断塑造。任何时候，都不能单纯地以外表来评价一个人。美貌和气质永远无法画上等号，这是生活中的必然，由于个人的气质是从人格深层散发出来的，它反映着人性的人格特征和人格价值。读书可以增加一个人的气质，广博的学识可以给人聪明才智，也会给人增添不凡的气质。知识和智慧是气质美的一根支柱。

青少年朋友，当你觉得自己缺乏自立的精神时，就用学识去打造一个全新的自我吧，只有坚定了人生立场，你的人生才不会是一张空白的纸张，相反你的生活会因此变得充满阳光。

心灵箴言

许多人缺少的不是美，而是自立的气质。

——民间谚语

美只愉悦眼睛，而气质的优雅使人心灵入迷。

——[法] 伏尔泰

只要你具备了精神气质的美，只要你有这样的自信，你就会拥有风度的自然之美。

——金马

在自己的天空下尽情翱翔

故事话题

艰苦奋斗三十多年，但想到得到的却是镜花水月，大卫奥格威迷茫了。他努力奋斗的目的是梦想获得爵位，但很明显，他失败了。他清楚地认识到自己的优势并不在政治上，而在创造上。于是他毅然回头，建立了第一家广告公司，最后成为“现代广告教皇”。是的，他成功了，他发展了自己的优势，最终创造了属于自己的天空。至今他仍在告诫着人们：朋友，别徒劳，认准自己的优势，奋斗吧。成功就在你身边！

故事解析

生活中没有旁观者的席位，每个人都有适合自己的位置。只有在自己的位置上做好自己分内的事，才能创造出无穷的价值。发展自己的长处，就是迈向成功，就是创造属于自己的一片天空。发展自己的优势，就是让人生完美、充实，就是创造属于自己的一片天空。

在人生这个大舞台上，每个人都扮演着自己不同的角色，忙忙碌碌地做着自己该做的事。对于青少年来说，最重要的就是学习。因此，每个青少年都要对自己的角色负责，无论是今天还是明天，唯有认真地对待，才不会留下难以弥补的遗憾。

那么，对于青少年来说，怎样做好自己分内的事呢？其实，很简单，就是认真学习、刻苦钻研，遵守校纪校规，在学校的舞台上充分展现出自己的风采。

作为青少年，应当明白，没有规矩，不成方圆。学校规章制度的建立并执行的目的不是限制自由、约束个性，而是为了维护正常的教育教学秩序，维护学生生活与学习的权益，并为安全提供保障，提高学生守规守法的自觉性，这才是校纪校规的实际意义。事实上，一个没有纪律和规则约

束的地方是绝对没有自由可言的。因此，学生的所作所为必须以遵纪守规为前提，不要盲目行动，否则必将为此付出代价。

一旦用自己的理性和知识真正理解、认同规则之后，那么规则和纪律就不再是一种来自外界的约束自己的枷锁，遵规守纪就不再是一种强迫的任务，它就变成一个利己的选择、一种道德的义务。这样，你就可以扮演好自己的学生角色，就可以让真正的自由在有纪律的秩序中尽情发挥，让积极的个性在有规则的环境里得到张扬。

对于青少年来说，其主要目的是学习。只要衣冠整齐、干净就足够了，多花一些精力在学习上才是最重要的，根本没必要去追求名牌，更不应该存在攀比的心理，而且学生所消费的费用多数来自父母的腰包，所以就更应该理智地消费了，不能盲目地花钱。在学习过程中还要积极参加一些公益活动，提高自我实践能力，做一名全面发展的青少年。

故事穿越

也许谁也想不到，一个智障男孩儿可以闻名世界，但是他做到了！克劳德艾金斯，他藐视人们对自己的嘲笑和戏弄，向人生展示了自己那独特的搞笑天分，把握好自己的优势，最终成就了闻名世界的憨豆先生。

克劳德艾金斯常说："不是人人都是天才，天才却善于发现上帝给他的礼物，所以把握自己的优势去成就完美人生。"

故事微语

生活中做好自己分内的事很重要。只有真正地做好了自己分内的事，才能谈独立自主。在家里，青少年的角色是父母的子女，就有尊敬父母的

责任，你做到了吗？在寝室，你的角色是室友，你有不打扰他人的责任，你做到了吗？作为值日生，你有认真完成值日工作的责任，你做到了吗？作为班干部，你有管理班级纪律的责任，你做到了吗？

作为青少年，要常常扪心自问：我对得起自己吗？也许，现实生活的残酷让人觉得很无奈，有时你不得不带着面具来跳舞。但是，窥探一个成功人的履迹，无一例外，他首先必须做好自己分内的事。“一屋不扫”的人，自然也“扫不了天下”。因此，走进茂密的森林，你只要无愧地做了丛林中最挺拔的一棵树，在波涛汹涌的大海面前，你只要无愧地把自己化作浪花里最纯净的一滴水珠，抬头仰望辽阔无边的蓝天，你只要毫无愧疚地让自己变为云层中最祥和的一朵，这样的人生便足够了。

曾几何时，少年时的理想一点点褪色，现实让你变得很无奈。这就是

生活，是成长的代价。的确，人生就像一个舞台，每个人都扮演着不同的角色。把自己的角色扮演好了，你的人生也就相对成功了。因此，每个学生都要忠于自己的角色。每个阶段，你都在扮演着不同的角色，每个角色都有其喜怒哀乐，忠于你扮演的角色，享受角色里的一切，包括迷茫和痛苦；而一旦转换角色，就要尽快脱身，忠于现在时。每一个角色的背后，都有它的意义，它的苦楚，它的瓶颈期。很好地读懂自己，扮演好属于自己且有能力实现的角色，即使暂时或者很长一段时间你处于一个自己不喜欢或者超出自己能力的角色位置，也应该学着去适应和享受这个角色。

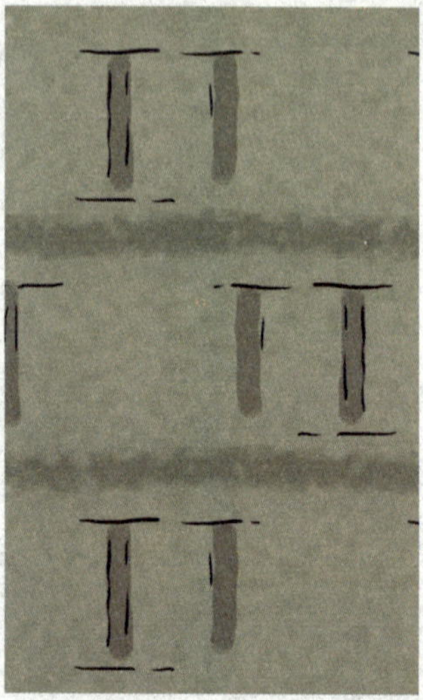

毕竟，在日常生活中，每个人要做好的分内的事不一定都是自己选定的、自己所喜欢的角色。但是，不管你喜欢不喜欢，你都需要无条件把它做好。可以说，做好自己分内的事很重要。譬如，公务员有公务员的游戏规则，他们必须服从上级安排，搞好上传下达，做好本职工作；工人有工人的游戏规则，他们必须按工艺流程生产，保证产品质量；农民有农民的游戏规则，他们必须按季节耕种、收获，并做好农作物施肥、杀虫等；商人有商人的游戏规则，他们必须合法经营、照章纳税。如果你不遵守这些游戏规则，你就无法做好你该做的事，就无法体现出你的价值，也就无法体会生活的意义。因此，学会享受角色的喜怒哀乐，时刻准备着蜕变吧！

心灵箴言

不管我们踩什么样的高跷，没有自己的脚是不行的。

——[德] 布莱希特

不论在哪里，自己的幸福是要靠自己去创造去寻觅的。

——[英] 哥尔斯密

想要走得快，就独自上路；想要走得远，就结伴同行。快与远，都是我们的追求。追求快中的独立，追求快中的坚强，给自己留一片属于自己的天空。

——佚名

自立的人生需要计划

故事话题

有一个业务员，是个刚毕业的学生。他为了自己的工作而不得不放下自己的研究生的身价去做饮料业务。经理这周定的任务是每个人要完成50件饮料。公司的很多业务员都觉得经理的任务太重，不情愿去做。但是这个研究生没有这样想，而且他给自己确定的计划就是一天跑完10件，自己完不成10件就不能去睡觉。于是，他按照自己的计划实施了。第一天，他除了完成10件后，又额外地完成了30件。就这样做了一周，没想到他这周竟完成了230件。最后受到了经理的奖赏。

故事解析

人生也许就是如此，只要心中有一个周密的计划，那么你的工作或是学习就一定能顺利完成。就像这个业务员，他给自己确定了一个周密的计划。计划自己如何对待工作，自己的决策如何实施。这样，做事情就容易成功。相反，如果你没有给自己一个完成目标的计划，那么你所做的任何事情都是无从下手的，事情也是不具有逻辑性的。

学习可以称为一门学问。其学问在于去如何高效地学习，如何调整好学习状态，如何在有限的时间里发挥最大的潜能，这些都是值得关注的。而制订一个周密的学习计划，则是最好的、最有效的学习方法。

故事穿越

王强是班级里学习最好的学生，他的成绩在班里一直名列前茅。很多学生都想不通为什么王强会学习那么好。

一次，一个学生因为好奇打开了王强的抽屉，原来里面全是一个个的纸条贴在书本上。比如，当他翻开第 9 页的数学题时，发现上面写着：此题还有一个相似的例子，多练习几遍公式。最后，消息传开了，同学们终于知道了王强学习好的秘诀。

故事微语

高尔基说："不知道明天该做什么的人是不幸的。"有一部分学生对待学习毫无计划可言，他们认为，学校有教学计划，老师有教学计划，自己只要跟着老师走，什么事都照办就行了。这种"脚踩西瓜皮，滑到哪里算哪里"的学习态度，是不可取的。要知道，学校和老师的教学计划是针对全体学生来安排的，每个学生的学习进度和学习能力不同，所以制订一个针对自己的学习计划是十分有必要的。

对学生来说，有一个确切的学习计划，要比无学习计划要好得多。其好处是：

学习目标明确。学习计划就是在某个时间段采取什么方法或是行动来达到学习目标的一个形式表。有计划地学习，学生自己能明了什么时间做什么事，短时间内就能达到一个小目标，长时间内达到一个大目标。按计划来学习，使学习能一步步由小成功跨向大成功。

学习任务的有序进行。有了一个明确的计划后，就可以有条不紊地进行学习安排。在一定的时间内，对照学习计划来检查自己的学习进度，可以明确自己学习方法的优点和缺点，做到优点继续发扬，缺点努力改进，让学习一直处于上升趋势。

有利于养成良好的学习习惯。有意识地按学习计划学习，久而久之，便会养成良好的学习习惯。习惯养成后，就有利于锻炼克服惰性、克服困难的精神，无论碰到什么困难都能按计划完成，达到规定的学习目标。

提升计划能力。有条理地学习、休息，养成生活习惯后，就会对生活中的小事做到有计划地安排，这不只是针对学习的，对于任何事都能进行有条理的计划安排。这种能力对一个人的一生都有很大的益处。

另外，在制订学习计划时要注意周密性。周密性主要是目标明确性、可行性、具体性。

明确性是指计划的学习目标要便于对照和检查。例如："以后要努力学习，争取获取好成绩。"但是，如何努力？考第一名要付出多少努力？哪方面要多用点儿心思？这些都不明确。如果改为"语文数学要认真复习，英语成绩争取考到全班前五名"，这样目标就明确多了，以后是否能达到就有标准可检验了。

可行性是指对于学习目标的度的把所握。学习计划的目标定得过低了，不费吹灰之力就能做到，这不利于自己潜能的开发和学习的进步。过高了，自己能力有限，最终不能达到标准，这样很容易让人失去自信心，最后让计划成为一纸空文。因此，制订计划时，要从自己的实际情况出发，制订一个通过努力能达到的目标。

具体性是指目标便于实现。如何才能达到"英语成绩在全班考到前五名"呢？可以具体化为：每天早上提前半小时起床，背 20 个单词，晚上做 10 道复习题。这样，单词和语法有没有掌握就有了检查方法，有利于计划的改进和更完善化。

只有制订周密的计划，才能在实践中不断地强化自我，锻炼自己独立决策的能力，学习上才能有动力。青少年朋友，给自己制订一个完善的、周密的计划吧，那样你的学习生活将会是丰富多彩的。

心灵箴言

计划的制订比计划本身更为重要。

——[澳] 戴尔·麦康基

经常地、自觉保持平衡，实际上就是计划性。

——[苏联] 列宁

今天所做的事情是为了我们有更好的明天，未来属于那些在今天做出艰难决策的人们。

——[美] 伊顿

欢快的旋律铺就自立的道路

故事话题

有一个国王，虽然拥有其他人想要拥有的一切，但是仍然抑郁寡欢。虽然每日招一群优伶舞者为自己表演，但依然是终日闷闷不乐。于是一群好事的大臣纷纷给国王出谋划策，希望能博取国王的开心。其中有一个大臣建议说：“如果能找到一个快乐的人，让他把衬衫脱下来给您穿上，相信您就能得到快乐。”

国王信以为真，马上命令使者四处寻找快乐的人。使者以为富足的人肯定会快乐，于是就找遍国中的显赫贵族，但是没有人认为自己快乐。他们每个人都有心事，都不快乐，他们觉得生活缺少乐趣。

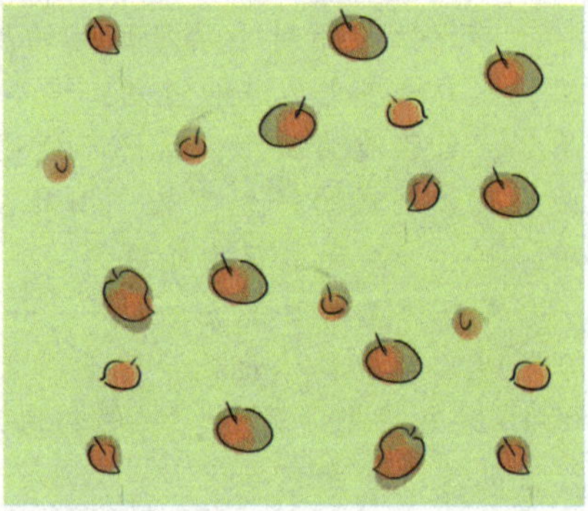

使者们又想到小孩子应该是快乐的，于是又找遍所有的小孩子，但是小孩子都说自己不快乐，因为他们害怕大人的斥责，他们有许多想要的东西却无法得到。

正当使者们沮丧担心之时，他们看到一个在烈日下劳作的农夫，他裸露着上身，满身大汗，一边高声唱着歌，一边走到树下纳凉。使者走上前去问他：“你快乐吗？”农夫说：“当然快乐啊！我自食其力，无忧无虑，真是快乐极了！”使者们听后大喜道：“那你能把你的衬衣给我吗？”农夫抱歉地说：“哎呀，我没有衬衣。”

故事解析

快乐是什么呢？其实快乐就是一种心态。当我们能对自己所处的环境以包容的心态来面对，就像农夫一样，虽然生活很艰辛，但是能乐此不疲，我们就会感到快乐。生活不可能按照我们的意愿来满足我们的要求，我们需要以一种积极的心态与生活融合。

的确，有时我们费尽心机寻找快乐，却更加迷失自己，因为我们并不知道快乐其实在我们心里。

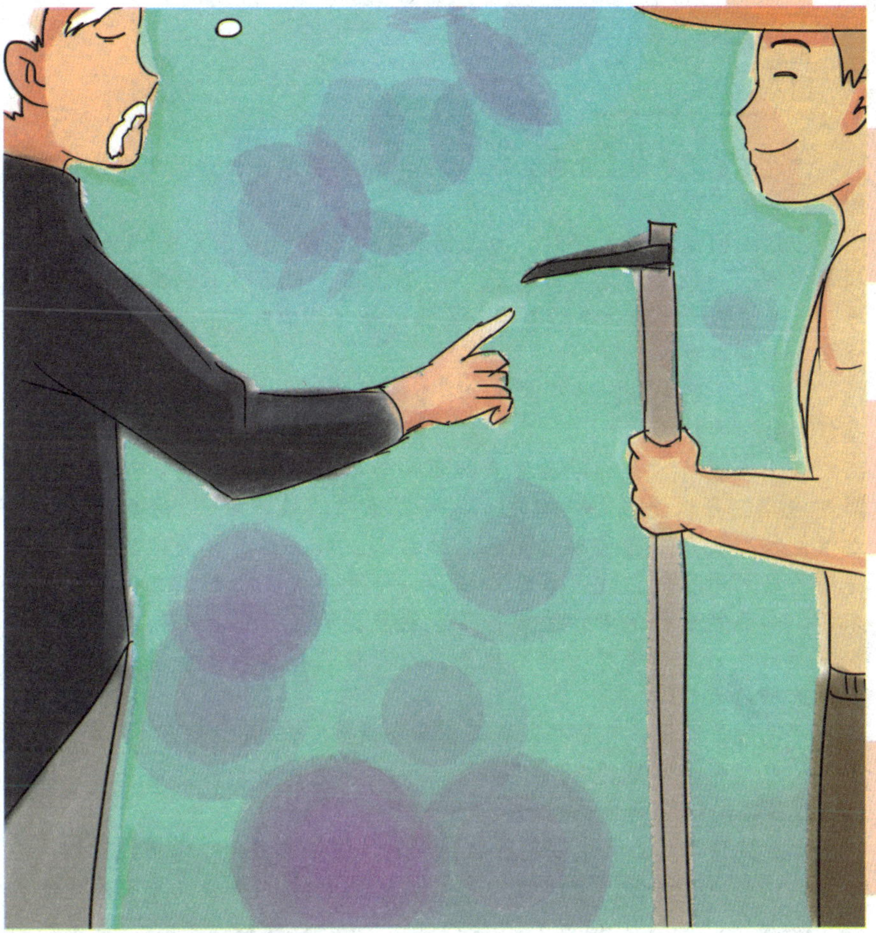

有许多人感到生活的压力很大，于是便到网络世界去寻找快乐，街角的网吧里，烟雾缭绕，狭小的空间内是24小时无休止地电脑鏖战，但是这样的娱乐得到的只是疲惫与空虚，而不是心灵充实的快乐，此时快乐已经沦为寻求刺激和兴奋，没有丝毫收获，就更谈不上充实了。

那么，快乐是否在很遥远的地方，在天涯海角，在我们无法触及的地方呢？当然不是，快乐在我们心中永驻，只是我们没有发现它。古人崇尚宁静的生活，在宁静中日出而作，日落而息，在悠然中读书品茗，平淡也快乐：陶渊明隐居乡间，种豆南山，采菊东篱，写诗作赋，寂寞也快乐；刘禹锡以文会友，陋室中永存德行，又有苔痕、草色，清贫也快乐；李白在月下对酒当歌，书写豪放诗文，即使失意，却不失乐。拥有古人的心态，我们会发现拥有快乐其实很容易。

故事穿越

洛莉塔是个不同寻常的女子。她的，心情总是非常好，因为她对事物的看法总是正面的。

当别人问她近况如何时，她总回答：“我当然快乐无比。”她是一个销售经理，她的独特之处是，她每次离职都会有几个下属跟着她一起跳槽。大家说她天生就是个鼓舞者。有谁心情不好的时候，洛莉塔就会告诉他怎么去看事物的正面。

一天一个朋友追问洛莉塔：“一个人不可能总是看事情的光明面，你是怎么做到的？”

洛莉塔说：“每天早晨醒来的第一件事就是告诉自己：‘你今天有两种选择，可以选择心情愉快，也可以选择心情不好。’然后我就选择心情愉快。我命令自己要快快乐乐地活着，然后我就真的做到了。每次遇到不好的事情时，我可以选择成为一个受害者，也可以选择从中学些东西。那我就选择后者。我选择了，我就做到了。每当有人向我诉苦或抱怨时，我可以选择接受他的抱怨，也可以选择告诉他事情的正面。我依然选择后者。”

“说的是没错，可是并没有那么容易做到吧？”朋友问。

“就是那么容易。”洛莉塔说，“人生本来就是选择。每一种处境都面临选择，关键在你自己。”

她曾被确诊患上了中期乳腺癌，需要尽快做手术，手术前期，她的生活依然正常而有规律，不同的只是她每天上午10点要接受医院规定的检

查。对于给她做检查的医生，她总是微笑面对，让他们感到很轻松。

直到手术麻醉前，她还对主治医师说："医生，你答应过我明天傍晚前用你拿手的汉堡来换我的插花，别忘了啊！上次的自制汉堡真是好极了！"医生见她如此乐观，也很轻松，手术进行得非常顺利。她出院时，竟然同医室一半的人交上了朋友，包括那些病友，每个人都被她的轻松与坚强感染和征服了。

故事微语

对于生活，你若抱着一种达观的态度去对待，就不会稍有不如意而自怨自艾。很多终日苦恼的人，并非遭受了多大的不幸，只是他们的内心对生活的认识存在偏差。生活中有很多坚强的人，他们即使遭受不幸，也始终保持乐观。生活本身就是由喜怒哀乐之事组合而成，烦恼忧虑是人生不可避免的一部分，这些都不是我们个人的力量就能左右的。既然如此，那就别为自己无法左右的东西苦恼了，我们可以自己给自己快乐，不是吗？当我们的心灵被这种乐观态度占据后，阳光的心态就在我们心中了。

赫胥黎说："充满着欢乐与战斗精神的人们，永远带着欢乐，欢迎雷霆与阳光。"把你的脸朝向阳光，你就不会有阴影。人生不如意事，十之八九，如果你以积极乐观的想法去面对，纵然不顺心的事情依然会频频发生，也会很快逢凶化吉。只要不违背良心，踏实诚恳，遇到什么事情都会有天时、地利、人和的相助。

喧嚣尘世，受束缚的是生命，自由的是心情。只要心空晴朗，人生就没有泥泞。其实，快乐真的很简单，有时，它就是发自内心的一抹微笑！快乐，并不遥远，它就在我们每个人的心中！

心灵箴言

乐观是一首激昂优美的进行曲，时时鼓舞着你对事业的进取精神。

——[法] 大仲马

只有乐观与希望，才能有助于我们生命的成长，能够鞭策我们的奋斗意志，生出无比的力量。

——[德] 康德

我们为了欢乐而生，为了欢乐而战斗，为了欢乐而死。因此，永远不可让悲哀同我们的名字联在一起。

——[捷] 伏契克

低调地做自立的粉刷匠

故事话题

东汉时期，孔子的二十世孙孔融能诗善文，曾任北海相，时称“孔北海“。汉献帝时，曹操让他到朝廷任少府，掌管御衣、宝货、珍膳等事。

孔融向来对曹操的许多政策持讥刺、反对的态度。曹操同袁绍官渡大战前夕，曹操为了稳定后方，曾下令对在建安五年以前的诽谤言论，从宽赦免，不予追究，以后再有诽谤的，“以其罪罚之”。孔融以才自恃，根本不予理睬。

后来，曹操为了节约粮食，支持战争，曾全面下令禁酒。孔融反对禁酒，并写了一篇专讲饮酒好处的文章，与曹操唱对台戏。公元 208 年，孔融还当着孙权使者的面，当庭诽谤曹操，使曹操非常难堪，大丢面子。

后来，曹操深感孔融妨碍他的统治，盛怒之下，找个借口把孔融杀死了。

故事解析

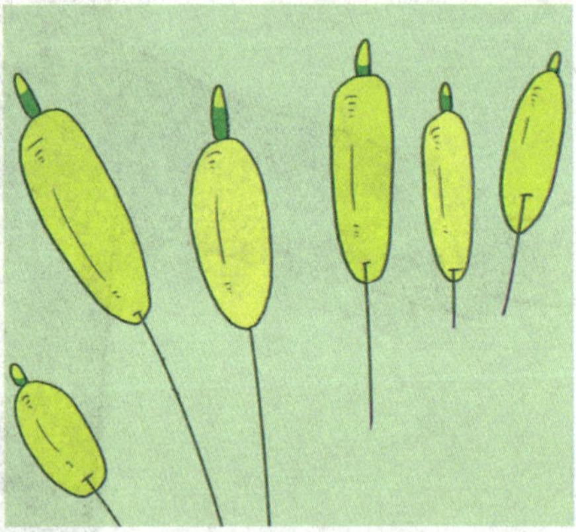

《后汉书》在评论孔融时，说孔融“负其高气，志在靖难，而才疏意广，迄无成功”。意思是孔融落得那样的结局，原因在于他自恃才高八斗，处处自视高人一等，以致最终丢了脑袋。

总有人依仗着自己的才华、学历、钱财等，目空一切，狂妄自大。“狂”其实是不好的，要不得的，它的本意指狗发疯，如狂犬。做人如果与“狂”相结合，就会失去人的常态，产生不文雅的名声。行走于社会，我们没有必要牛气冲天。找准自己的位置，低调一些，谦虚一些，友好和气，才是做人真实的一面。

深圳街头有许多雕塑，在这些雕塑中有一头低着头的牛。创作这尊雕塑的艺术家的用意大概是：面对纷繁的尘世、喧嚣的人群，我们没必要表现出傲慢、张扬的样子，而应当把自己的言行举止投入人群中去，并始终把自己看成社会上最普通的一员。

人们常说：“天不言自高，地不言自厚。”自己有没有本事，有多大本事，别人都能看见，心中都有数，不用自吹自擂。没人愿意相信一个言过其实的人，更没有人愿意帮助一个出言狂妄的人。不论是庄子还是老子，都劝人要以谦抑为上，不要自作聪明地显摆、炫耀自己的才识和能力。只有这样，才能不被人嫉妒，才能更好地保护自己。

一个人自恃才能过人，总是表现过多，锋芒毕露，就会给对手带来压力和不悦，别人会觉得你气势太盛，将你视作眼中钉、肉中刺，尤其是当你的傲气表现出来的时候，甚至会激怒对方，导致他不择手段地对你施以明枪暗箭。因此，做人必须学会自敛锋芒、韬光养晦。

故事穿越

1903，莱特兄弟年发明了飞机，并飞行成功，名声大噪。

一次，有一个记者费尽心机找到了兄弟俩，要求给他们拍照，弟弟奥维尔·莱特谢绝了记者的请求，他说：“为什么要那么多人知道我俩的相貌呢？”

当记者要求哥哥威尔勃·莱特发表讲话时，威尔勃答道：“先生，你可知道，鹦鹉叫得呱呱响，但是它不能飞得很高很高。”

莱特兄弟始终视荣誉如粪土，不写自传，不接待新闻记者，更不喜欢抛头露面。有一次，奥维尔从口袋里取手帕时，带出来一条红丝带，姐姐见了问他是什么东西，他毫不在意地说：“哦，我忘记告诉你了，这是法国政府今天下午发给我的荣誉奖章。”

故事微语

莱特兄弟二人的处世姿态，就是一种低调做人的哲学，它反射出一种质朴的平凡，在出世与入世的平衡中，为我们提供了低调做人的深刻启示。

“空心的禾穗高傲地举头向天，而充实的谷穗，则低头向着大地，向着它的母亲。”目空一切和妄自尊大，其结果只能是使自己的心理和形象扭曲，在伤害别人的同时也伤害了自己。泰戈尔说：“微小的知识使人骄傲，丰富的知识使人谦虚。”这也说明了很多人的心态。

智者说过，人生要依靠两样事来确立根基：一是做人，二是处世。历览古今，纵观中外，最能保全自己、发展自己和成就自己的人生之道便是：高标处世，低调做人。所谓“捧着一颗心来，不带半根草去”、“以出世的精神做入世的事情”，正是这一标准的生动注解。我们参阅历史，放眼现实时，还会发现：凡是高标处世者，做人的基调都很低；凡是低调做人者，处世的标准都相当高。于是就产生了一种奇特的因果：越是低调做人者，往往越能成就大事；越是功成名就者，往往越是低调做人的典范。

低调做人就要放下了许多架子，放下许多张扬和卖弄的虚荣表现，放弃假正经、假圣人的虚伪面孔。平级、下级都可以够得着你，能使自己与大家有更多的机会相互沟通、相互融合。

社会上，那些谦让、低调的人总能交到许多朋友。他们善于放下自己的架子，真诚、恭敬地对待自己身边的每个人。这正是我们所要学习的。

心灵箴言

木秀于林，风必摧之。

——李康

虚心竹有低头叶，傲骨梅无仰面花。

——郑燮

要比别人聪明，但不要告诉人家你比他更聪明。

——[英] 查理德斐

第二篇

滴自己的汗，吃自己的饭

人生于天地之间，自立自强才是人生最重要的课题。一代大教育家陶行知老先生有一首诗写得好：“滴自己的血，流自己的汗，自己的事情自己干，靠天靠地靠老子，不算是好汉。”人生最可依赖的是什么？是知识、是智慧、是汗水。人常说：“靠人种地满地草，靠人盛饭一碗汤。”父母都不可能依靠一生一世，何况他人？因此，这个世界上最可靠的不是别人，而是自己。

自给自足，自力更生

故事话题

从前，有个猎人不小心在森林里迷了路。

天色渐晚，猎人担心起来。这时，他又恰巧来到一个从未到过的地方，这是森林与草地的交界处。突然，更不幸的事情发生了，猎人踩到了沼泽地里。

这是一片不大的沼泽地，遮掩得很好，轻易不可能被发现。猎人感觉到自己的身体在一点点下沉，他大惊失色，一时手忙脚乱，不知如何是好。于是，他大声呼喊，希望有人来救他。但是，那个地方真的太偏僻了，猎人叫了许久，仍然没有任何人出现。当泥沼上升到猎人的胸部时，猎人越发惊慌失措。他浑身乱动，努力想挣扎起来，然而没想到是越挣扎陷得越深。终于，在一颗流星划破天际的时候，沼泽无情地吞没了可怜的猎人。

几天后，人们在那片沼泽地看见了猎人的帽子，知道了发生的一切。同时，人们在猎人遇难的地方，看见了一棵大树的枯枝。枯枝离他并不远，他原本可以通过努力抓住它，然后爬出沼泽地。他却把渺茫的希望寄托到别人身上，没有试着依靠自己的力量战胜遇到的困难，失去了这个最后的生存机会。

故事解析

人生的道路上，我们难免会和这个猎人一样身处险境。这个时候，与其等待别人的救助，不如依靠自己的力量去拼搏去奋斗。这样，或许成功的机会比依靠别人大很多。因为面对生活中的很多困难，要想解决它们，别人不一定是你的救星，相反，你自己才是你最大的救星。

当代青少年，作为祖国未来的希望，是不能做那个连鸡蛋都不会剥的孩子的，是不能做生活中的“残疾人”的，什么都要依靠父母。一个人最终会长大，早晚要独立，这是不争的事实。青少年跨进青春之门，进入青春期后，就具备了一定的独立意

识，但对别人尤其是父母的依恋常常使其感到困惑。要找好独立与依赖父母之间的平衡点。毕竟我们还是未成年人，有些事情我们的判断能力还达不到理想中的高度。独立不是让我们一意孤行，而是在接受父母的意见之后，自己再做最后的决定。

故事穿越

一个不安于平静生活而热衷探险的人，名叫鲁滨逊·克鲁索。他决意成为一名海员，周游世界。他于1659年登上了一艘由巴西开往非洲的船只。一天，一场可怕的风暴把船打得粉碎，鲁滨逊的朋友都死了，唯有他一个人活了下来并安全到达陆地。他发现自己在一个陌生、荒凉的小岛上，没有食物，没有船只。他凭着自己惊人的勇气和毅力，独自一人在岛上生活了27年，自己用双手搭建了房屋，种植了一些粮食作物，为自己做饭，饲养家禽，等等。后来偶然看到一艘船，于是他借此机会回到了家。

故事微语

这个故事告诉我们要学会独立，依靠自己，在没有任何人的帮助下可以独立生活，不依靠别人，只依靠自己的双手和大脑去创造美好、舒适的生活环境。

独立，对于我们每一个人来说都很重要，总有一天，我们要离开父

母、老师的身边，走向社会。社会中充满竞争，大家都要依靠自己独立的分析能力、判断能力和动手能力去赢得好的工作岗位。那时，父母已经没有能力跟得上社会前进的步伐了，为你在社会中生存的指点已经不能满足你的需要了。现在大多是独生子女，没有兄弟姐妹的帮助，周围的朋友也有自己的事情，他们自己总结出来的生活经验也不可能详细地告诉你，而且不一定适合你。因此，只有依靠自己，学会独立自主地生活。

亲爱的青少年朋友，我们已经长大，相信我们每个人都不想永远躲在大人的影子里，而希望自己去开辟出一片新天地。生活是充满困难与挫折的，我们要学会凭借自己的力量去克服和战胜它们，养成独立自主的好习惯。

一定要端正自己对自理能力的认识，注意对生活自理能力的培养。总之，自己动手，丰衣足食。

心灵箴言

靠自己劳动挣来的食物最好。

——[尼] 布哈里

春天不播种，夏天就不生长，秋天就不能收割，冬天就不能品尝。

——海涅

真正的自由属于那些自食其力的人，并且在自己的工作中有所作为的人。

——[英] 罗·科林伍德

路是脚踏出来的，历史是人写出来的。人的每一步行动都在书写自己的历史。

——吉鸿昌

滴自己的汗，吃自己的饭。自己的事情自己干，靠人靠天靠祖上，不算是好汉。

——陶行知

自立并不代表与社会脱节

故事话题

有一个年轻的妻子，丈夫工作能力很强，也很勤奋，很快就被公司提拔为中层干部，因此他们的家境相当不错。不久之后，妻子怀孕了，丈夫很高兴，也非常体贴妻子，劝她辞去工作，安心在家做全职太太。在生育了孩子之后，妻子更是一门心思扑在家庭上，在家安心地相夫教子。她已经完全沉浸在家庭生活中，不再像以前那样去读书、学习了，也不用再去考虑如何提升自己的工作业绩了。随着孩子慢慢长大上学，她常常就感到无事可做。丈夫回家也不愿再和她谈论工作上的事情，每当她问起来的时候，他总是说："你又不懂，就别问了。"她要去辅导孩子学习的时候，发现孩子在学校里看到的新现象、学到的新思路她也无法理解。她已经意识到，自己多年不出去工作，也不再去学习，已经与社会脱节了。就连昔日的姐妹见面，大家都在津津有味地谈论的话题，她也会感到难以插话。虽然自己的物质生活非常优越，但是内心感到空虚、寂寞。

故事解析

当前是个信息化的社会，知识的更新换代速度非常快。如果长期不出去工作，不再及时地更新自己的知识结构，那么自己的知识、能力就难免与社会脱节。人并不是仅仅依靠丰裕的物质条件就会感到满足的，内心世界的丰富、充实同样重要。当你感到自己知识匮乏的时候，就很难有足够的底气与他人交流、沟通，自信也就在一点点消失了。

千里之行，始于足下。探索知识的过程就要从自己开始。遗憾的是，很多人在满怀理想抱负的时候，却忘记了理想是要在现实的土壤上生根、发芽的，自己不去潜心学习，所谓的理想、抱负也只能成为水中月、镜中花。

故事穿越

有一个捕鱼技术高超的打鱼人，被人们尊称为“渔王”。他有三个儿子，他在自己年轻的时候就开始手把手地教他们学习捕鱼技术。他非常耐心，也非常专业地从最基本的常识教起，从认识潮汐、观察天象到织网、划船、下网等事无巨细地教给他们，并且经常带他们下海示范。但是，令他伤心的是，三个儿子的技术却是非常平庸。

到了他年老的时候，看着自己一天天老去，已经没有力气再去下海打鱼了。虽然自己一生在海上风里来、雨里去积累下来的经验很早就传授给他的三个儿子，但是三个儿子还是没有学到家。于是，他去请教一个过路人，过路人听完他的哭诉后，反问他：“你的三个儿子都是自愿跟你学的吗？”渔王这才意识到，大儿子最喜欢的是养花，二儿子最热衷于习武，三儿子则痴迷于种地，三个儿子都不是发自内心地喜欢打鱼。过路人告诉他：“你的三个儿子都是在你的要求下学打鱼，你自己也从未从三个儿子不同的个性特点出发去让他们做自己喜欢做的事，学不好捕鱼的本领也就可想而知了。”

故事微语

失败的借口和理由有很多，成功的秘诀却只有一个：不断学习！学海无涯，有太多的东西值得你学习，包括专业知识、人际交往、公司理念、文化知识等。学习的途径有很多，包括网络、图书、培训中心、学校，甚至就是你周围的每一个人、每一件事。年轻正是学习知识、积累经验的阶段，学习是大事，更不能将其推到永无休止的明天。

现代社会为人们提供了一切可以学习的机会，只要你留心学习，无论以哪种途径，也无论在什么地方，都可以实现学习的目的。工作太忙找不出学习的时间、整日操心劳累没有学习的精力……可以找的借口很多，但没有一个能成为你放弃学习的理由。

学习是生命中的一部分，如果你放弃学习的机会，就相当于丢失了一部分生命，这种代价是所有的人都无法负担的。

心灵箴言

聪明才智是拨动社会的杠杆。

——[法] 巴尔扎克

创造人的是自然界，启迪和教育人的却是社会。

——[俄] 别林斯基

社会上崇敬名人，于是以为名人的话就是名言，却忘记了他所以得名是那一种学问和事业。

——鲁迅

人是最名副其实的社会动物，不仅是一种合群的动物，而且是只有在社会中才能独立的动物。

——[德] 马克思

我们的事业就是学习再学习，努力积累更多的知识，因为有了知识，社会就会有长足的进步，人类的未来幸福就在于此。

——[俄] 契诃夫

让生命绽放自立的光彩

故事话题

一只老鼠掉进了一个桶里，怎么也出不来。老鼠吱吱地叫着，它发出了哀鸣，可是谁也听不见。

可怜的老鼠心想，这个桶大概就是自己的坟墓了。正在这时，一头大象经过桶边，用鼻子把老鼠吊了出来。

“谢谢你，大象。你救了我的命，我希望能报答你。”

大象笑着说：“你准备怎么报答我呢?你不过是一只小小的老鼠。”

过了一些日子，大象不幸被猎人捉住了。猎人用绳子把大象捆了起来，准备等天亮后运走。大象伤心地躺在地上，无论怎么挣扎，也无法把绳子扯断。

突然，小老鼠出现了。它咬着绳子，终于在天亮前咬断了绳子，替大象松了绑。

大象感激地说：“谢谢你救了我的性命!你真的很强大!”

“不，其实我只是一只小小的老鼠。”小老鼠平静地回答。

故事解析

每个生命都有自己绽放光彩的刹那，即使一只小小的老鼠，也能够拯救比自己体形大很多的大象。故事中的这只老鼠正是佛语中所说的“有道者”。

一个真正有道的人，即使别人看不起他，把他看成卑贱的人，他也不受影响。因为他知道自己的人格、道德，不一定要求别人来了解、来重视，他依然会在自我的生命驿旅中将智慧的种子撒播到世间各处。

也许你只是一朵残缺的花，只是一片熬过旱季的叶子，或是一张简单的纸、一块平淡无奇的布，也许你只是时间长河中一个匆匆而逝的过客，不会吸引人们的目光和惊叹，但只要你拥有自己的信仰，并将自己的长处发挥到极致，就会成为成功驾驭生活的勇士。

故事穿越

爱迪生小时候因为家里穷，只上了3个月学，十一二岁就开始卖报。他热爱科学，常常把钱节省下来，买科学书报和化学药品。他做实验的器具，是从垃圾堆里拣来的一些瓶瓶罐罐。爱迪生12岁的时候，在火车上卖报。火车上有一节给乘客吸烟的专用车厢，车长同意他在那里占用一个角落。他把化学药品和瓶瓶罐罐都搬到那里，卖完了报，就做各种有趣的实验。

有一次，火车开动的时候猛地一震，把一瓶白磷震倒了。磷一遇到空气马上燃烧起来。许多人赶来，和爱迪生一起把火扑灭了。车长气极了，把爱迪生做实验的东西全扔了出去，打了他一个耳光，把他的一只耳朵打聋了。爱迪生钻研科学的决心没有动摇，他省吃俭用，重新做起化学实验来。

有一次，硫酸烧毁了他的衣服；还有一次，硝酸差一点儿弄瞎了他的眼睛。他没有被危险吓倒，还是顽强地做实验。爱迪生试制电灯，他常常在实验室里一连工作几十个小时，实在太累了，就躺在实验台上睡一会儿。他这样不懈地努力，找到了合适的灯丝，发明了电灯。后来，爱迪生又发明了电影、留声机……他一生中发明的东西有一千多种。

故事微语

爱迪生处于困苦艰难的环境下，小小年纪就学会了自立，一边卖报一边进行自己热爱的科学实验，最终取得了成功。每个生命都很平凡，但每个生命都不卑微，所以真正的智者不会让自己的生命陨落在无休无止的自怨自艾中，也不会甘于身心的平庸，而是自强不息，让生命焕发自立的光彩！

我们如果没有了自己的生活方式、思想方式，就会无法定位自我，别人一提意见，就无所适从，惊慌失措。如果决定了自己的生活方式，就不用在意别人的目光。不同的人有不同的生活方式，你没有必要努力达到某个所谓的标准答案。

别人的人生与自己的人生，自然是不同的。自己的人生，掌握在自己的手中，是“成功传奇”还是“人生悲剧”，全是自己的问题。不去做你永远不知道的事情，因为“真理唯有实践能证明，若能专心致力于自己的生活，一定会有一定的效果”。

心灵箴言

生命，那是自然给人类去雕琢的宝石。

——[瑞] 诺贝尔

只有献身社会，才能找出那实际上最短暂而有风险的生命的意义。

——[德] 爱因斯坦

命运，不过是失败者无聊的自慰，不过是懦怯者的解嘲。人们的前途只能靠自己的意志、自己的努力来决定。

——茅盾

今天太宝贵，不应该为酸苦的忧虑和辛涩的悔恨所消蚀。把下巴抬高，使思想焕发出光彩，像春阳下跳跃的山泉。抓住今天，它不再回来。

——[美] 卡耐基

行使生命的领导权

故事话题

有个铁匠把一条长长的铁条插进炭火中，烧得通红，取出后再打扁一点儿，希望它能做种花的工具，但结果不理想。就这样，他反复把铁条打造成各种工具，却全都失败。最后，他从炭火中拿出火红的铁条，茫然不知如何处理。

在无计可施的情形下，他把铁条插入水桶中，在一阵嘶嘶声响后说："唉！起码我也能用根铁条弄出嘶嘶的声音。"

故事解析

你是否像那个铁匠一样，在屡遭挫败后放弃梦想，或不再梦想呢？其实，你可使梦想不像那阵嘶嘶声般稍纵即逝，你可以克服诸多困难，而坚持自己生命的方向。但唯一的条件是，你要学习、遵守原则——掌握生命方向、自做主宰的原则。

这些原则专教人怎样主宰自己的生命。我们很惊讶地发现，许多人对它们竟然茫然无知。

其实，除非他们深通那些原则，否则，他们并不能控制局面，而受挫于那些本来可以解决的问题。应时刻提醒自己，自做主宰，掌握自己生命的领导权。

在生活中，我们的每一个决策都面临着风险，即使计划得再周密，也不可能没有风险。因此，我们必须搞清楚虽然存在风险，但是我们坚信决策是正确的，至少在大方向上没有错误。

人生最难办的事也许就是衡量自身的需要，决定是否要冒险才是对你最好的事。除了你自己之外，没有人能够评量你的冒险值得与否。你需要的是突破既有的束缚，看清自己的方向，决定自己的去路。

我们能不能学习对自己更负责一点儿呢？答案是：“可以!”第一步是明白这是一件很费时的事。如你要学习一门外语，你只有花相当长的时间学习，才能运用自如。对你个人的事业负责，就和学习语言一样严格。

有效掌握你自己，固然非常重要，但了解这一点已经不容易了。

故事穿越

汤姆在“一战”之前的一次飞机失事中失去了两条腿。他躺在医院时，已经基本上失去了意识，但是在迷迷糊糊中，他听到两名护士在对话。其中一个说：“这孩子也许坚持不住了。”

一向坚强的汤姆听到这话，决意坚持下去。结果令人们大感意外，汤姆不但活了过来，以惊人的速度复原，而且再度担任战斗机驾驶员，表现非常出色，有一次甚至从德国战俘营中逃脱——只用他的两条假肢。

故事微语

意志力使汤姆从死亡线上挣扎了过来。此外，还有许多例子显示了个人选择与决心的重要性。在抗癌成功者中，多数都具备这样一些心理特点：拒绝放弃希望，拒绝扮演病人角色，随时准备接受新观念等。他们对生命永远具有强烈的渴望。这些人拒绝坏消息，他们拒绝相信自己的疾病，他们拒绝让自己更了解自己真实的情况。这不是理想，也不是不切实际，许多人正是因此而改变了自己的一生。

我们所讲的成为成功者，不是纸上谈兵的文字游戏。我们在某个时候必须走出大胆甚至狂妄的一步——“你是决策者”，这个简单而艰难的信息是你要面对的。希尔认为，每个人，都必须做改造我们生活的重大选择，如果我们不能了解我们每个人都掌握着自己命运的道理，就缺乏意志力去塑造一项适合我们的希望、需要和能力的事业。

想要在今天这个竞争的世界崭露头角，以消极态度或失败者的心态都不足以实现目标。经济、社会和政治上的变化速度，在逼迫人们成为自己命运的守护者。成功者会仔细考虑各种选择，而后行动，并且会与其结果共存共荣。

成功者还表现在即便是在不知不觉状况中的个人决定，也往往比我们通常所知的更能决定我们的现在和未来。而那些有意识倾注了坚定决心的决定，就更能让我们决定发展的方向。

心灵箴言

走自己的路，让别人说去吧。

——[意] 但丁

深窥自己的心，而后发觉一切的奇迹在你自己。

——[英] 培根

人们可以支配自己的命运，若我们受制于人，那错不在命运，而在我们自己。

——[英] 莎士比亚

不做匍匐于架上的一株葡萄

故事话题

丰田汽车创立于1957年，由第一代领导人丰田喜一郎带领，他为丰田制造汽车的梦奠定了良好的基础。

1950年，丰田汽车由于大量借款而陷入资金周转的危机，几乎濒临破产。在爆发大型劳工抗争运动的同时，丰田喜一郎决定与被裁撤的员工同进退而辞职。

新任领导人由石田退三继任。在经历了高额举债所造成的大灾难后，他发布了丰田汽车未来发展最重要的策略思考主轴：绝对不轻易借钱。

“自己的城堡，自己架设；自己的城堡，自己守护。”是石田退三留给丰田汽车最珍贵的遗产。因缺乏资金而体验到无比痛苦的经验，才有了绝对不依赖他人、要靠自力前进的决心。从此丰田汽车将决不让金钱追着跑，把发展可以自由调度的资本视为经营第一大亨，充分落实了“无负债经营”的哲学。

1977年，丰田汽车甚至被封了一个丰田银行的雅号，并且有能力提供顾客资金买车。他们没有太多的幻想，完全排除利用低利率从事高杠杆财务操作或企业经营，他们认为由别人来架设城堡无法赢得战争，所以在他们身上没有这样的内容，因此任何突变都不会遮住他们的眼睛。这是他们在日本长达15年的经济低迷中，仍然在个人财富累积及企业产品销售中立足全球顶端的最重要内容。

后来，石田先生说：“业内的人都嘲笑丰田‘想在沙漠里种树’，但丰田人还是把树种出来了。不仅如此，在布满荆棘的道路上前进的丰田人还学会了独立自主。”当然这个过程是非常痛苦的，压力很大，困难很多，竞争激烈，然而“痛苦能产生进步。就算再痛苦，也要自己埋头钻研，有了这种气概，才能实现‘独立自主经营’”。

故事解析

“自己的城堡，自己守卫”，这是一种气魄，也是一种责任。在外界的冲击面前，任何人都是靠不住的，只有靠自己开辟出一条路来，你才能闻到胜利的花儿的芳香。在这个世界上，最靠得住的东西不是金钱，也不是权势，而是智慧与本领，是能够独立生活的能力。

是的，求人不如求自己。虽然在工作或生活中寻求他人帮助并不是不可以，但是也要把握一个度。在人生的起步阶段，由于自身能力不强或经验的欠缺，需要寻求他人帮助，学习他人身上优秀的品质和处理问题的思路，汲取经验，提升自身素质。当羽翼丰满，翅膀硬朗的时候，你就要独立去面对问题，解决问题。也许刚开始还不适应，畏难发愁，心里没底，但只要你有信心能够做好，然后再发挥自己的才能与智慧，就一定能解决问题。独立解决问题，不但能使你得到真正的锻炼，还能培养强大的自信心，再遇到问题或困难，就会积极地去面对，而不是首先想寻求他人帮助。

爱默生说：“坐在舒适软垫上的人容易睡去。”依靠他人，觉得总是会有人为我们做任何事，所以不必努力，这种想法对发挥自主自立和艰苦奋斗精神是致命的障碍。

故事穿越

派蒂·威尔森在年幼时就被诊断出患有癫痫病。她的父亲吉姆·威尔森习惯每天晨跑。，有一天戴着牙套的派蒂兴致勃勃地对父亲说：“爸爸，我特想每天跟你一起慢跑，但我担心中途病情会发作。”

她父亲回答说道：“你放心，即使发作，我也知道如何处理。我们明天就开始跑吧。”

于是，十几岁的派蒂就这样与跑步结下了不解之缘。和父亲一起晨跑成为她一天之中最快乐的时光。跑步期间，派蒂的病竟然一次也没发作。

一段时间之后，她向父亲表示了自己的心愿：“爸，我想打破女子长距离跑步的世界纪录。”吉尼斯世界纪录中女子长距离跑步的最高记录是80英里。

那时，正在读高一的派蒂为自己订确立了一个长远的目标：“今年我要从橘县跑到旧金山（400英里）；高二时，要到达俄勒冈州的波特兰（1500多英里）；高三时的目标在圣路易市（约2000英里）；高四则要向白宫前进（约3000英里）。”

虽然派蒂的身体状况与他人不同，但是她仍然满怀希望与热情。对她而言，癫痫只是偶尔给她带来不便的小毛病。她没有消极畏缩，相反的，她更珍惜自己已经拥有的。

高一时，派蒂穿着上面写着“我爱癫痫”的衬衫，一路跑到了旧金山。她父亲陪她跑完了全程，做护士的母亲则开着旅行拖车尾随其后，照料父女两人。

高二时，她身后的支持者换成了班上里的同学。他们拿着巨幅的海报为她加油打气，海报上写着：“派蒂，加油！”。但在这段前往波特兰的路上，她扭伤了脚踝。医生劝告她立刻中止跑步：“你的脚踝必须上石膏，否则会造成永久的伤害。”

她回答道：“医生，你不了解，跑步不是我一时的兴趣和逞能，而是

我一辈子的最爱。我跑步不单是为了自己，同时也是要向所有人证明，身有残缺和疾病的人照样能跑马拉松。有什么方法能让我跑完这段路？”

医生表示可用粘剂先将受损处接合，而不用上石膏；但他警告说，这样会起水泡，到时会疼痛难耐。

派蒂二话没说便点头答应。

派蒂终于来到波特兰，俄勒冈州州长还陪她跑完最后一英里。一面写着红字的横幅早在终点微笑地向她招展：“这位特殊的长跑女将，派蒂·威尔森在 17 岁生日这天创造了辉煌的纪录。”

高中的最后一年，派蒂用了 4 个月的时间，由西岸长征到东岸，最后抵达华盛顿，并接受总统召见。她告诉总统：“我想让其他人知道，癫痫患者与一般人无异，也能过正常的生活。”

故事微语

派蒂·威尔森的坎坷经历，向人们展示了自强者不断挑战自我的勇气，也告诉人们身有残缺的人同样能创造生命的辉煌。我们不能选择生命中的阳光，但在风雨交加的日子里，我们可以选择改变自己，可以选择去坚强地面对。让我们像海燕一样在暴风雨的洗礼中高傲地飞翔吧！

当你相信自己并努力做时，往往能激发出身上的潜能，做出让自己感到惊讶的成绩来。而那些不自信的人，根本就认识不到自己身上的潜能，更不会去挖掘自身的潜能，只能靠求助他人浑浑噩噩度日，永远不会成功。很多人都有一种依赖他人的心理，其实只要加把劲儿，凭自己的能力也能把问题解决，可是总想着去求人，往往问题解决了，头脑里却没有留下什么深刻的印象，以后遇到类似的问题，还得去求人帮助。一个人应当在力所能及的条件下去帮助别人，得到帮助的人也应当积极地去克服自己的困难，无论目前的情况有多糟，都不要被困难吓倒，一定要有战胜困难的决心和信心。有些时候，真正能够拯救你的只有你自己，别人的帮助都是外因。阿基米德说："给我一个支点，我就能够撬动地球。"如果没有主观上改变现状的愿望和行动，别人给你再多的支点，可能也无法撬动一块石头。

如果你依赖别人，那么你将失去自己的特色；如果你依赖别人，你就至少部分地把自己交付给自己所依赖的人，就受到了他的支配，受到他的制约；如果你依赖别人，就会丧失主动进取的精神，使自己陷入被动的境地。因此，千万不要依赖别人，学习做一株独立自主的木棉吧。

心灵箴言

苏世独立，横而不流。

——屈原

独立性是天才的基本特征。

——[德] 歌德

人要独立生活，学习有用的技艺。

——[英 [凯德

最本质的人生价值就是人的独立性。

——[印] 布迪曼

第三篇

与其哀叹自己的命运，不如相信自己的力量

赤橙黄绿青蓝紫，每个人都应该有自己的一片天地和特有的亮丽色彩。你应该果断、毫无顾忌地向世人宣告并展示你的能力、你的风采、你的气度、你的才智。在生活道路上，必须自己做选择，不要总是踩着别人的脚印走，不要总是听凭他人摆布，而要勇敢地驾驭自己的命运，调控自己的情感，做自己的主宰，做命运的主人。

挫折的荆棘畏惧自立之刃

故事话题

某一年，天下大旱，动物们由于没有储备足够的粮食，饿死者不计其数。于是，动物们纷纷向玉帝祷告，恳请他赐一些食物下来，拯救饥荒中的动物。

玉帝见状，便命令太白金星下凡，为动物们送去一些土豆充饥。

野猪收到自己的那份土豆后，来不及擦干净上面的泥土，便囫囵吞枣一样塞进了肚子里。

小白兔忙着把土豆切成小片，不停地啃着。

除小松鼠外，大家都开始享受起自己应得的那份土豆来。

小松鼠在干裂的土地上，刨出一个个小土坑，把自己的那份土豆一个个埋了进去，又去很远的地方舀来水，浇灌着刚埋进地里的土豆。

“傻小子，难道你不饿吗？”打着饱嗝儿的野猪见小松鼠把土豆埋进了地里，不解地问。

“当然，我也很饿啊！”小松鼠捂着正在“咕咕”叫的肚皮，艰难地说。

“那你肯定是不喜欢吃土豆了？”

“不，我非常喜欢！”

“既然如此，你为什么不吃掉土豆，反而埋了它们呢？”

“吃完了这几个土豆，只能撑过一时，以后的日子怎么办？我种下它，到时候就能收获很多！”小松鼠充满希望地说。

从那以后，小松鼠只靠啃一点儿青草来充饥。它每天都要到很远的地方去挑水浇土豆，但它干得很开心，因为它知道，旱灾什么时候才能结束不可预知，玉帝的恩赐只能解决暂时的困难，只有靠自己才能渡过难关。看着一天天长高的土豆苗，小松鼠相信自己能解决眼前的困难。

过了一段时间，吃光了土豆的动物们又因饥饿难忍而聚集在一起，再

一次乞求玉帝赏赐一些食物。

这时，玉帝现身了，怒气冲冲地说：“我只能救你们一时，不可能救你们一世，你们自己想办法解决吧。我现在命令东海龙王下一场雨，上次你们如果种下了土豆，这次就能大有收获了。”

结果，一场雨后，只有小松鼠收获了土豆，而其他动物则只能靠草根充饥了。

从此以后，小松鼠过上了自给自足的好日子。

故事解析

上天会给每个人都出一个难题，会不会被吓倒，就要看每个人对于困难所采取的行动了。是祈求上天挽救自己还是用头脑去处理问题，是摆在人面前的两种截然不同的选择。但是应该记住：只有自己才能从根本上拯救自己。

当青少年遇到挫折时，应该记住：每一次失败都是供其再踏上更高一层的阶梯。当然，在途中，我们难免会感到灰心与疲惫，但我们要知道，就像世界拳坛重量级冠军詹姆士·柯比常说的："你要再战一回合才能得胜。"每个人的内在都有无限的潜能，但是除非你知道它在哪里，并坚持用它，否则毫无价值。在遇到困难时，你要再战一回合。

其实，在生活中，每个人都不可避免地遇到一些挫折与困难。对此，作为青少年，决不能低头，而应以一种积极的心态，理智、客观地分析挫折产生的原因，并采取恰当的方法来克服挫折。应感谢挫折，生活因此而丰富，人生的体验因此而深刻，生命也因此而更趋完美。不经历风雨怎么见彩虹？其实，没有人能够随随便便成功。只要我们以积极健康的心态去面对困难和挫折，就可以做到"不在失败中倒下，而在挫折中奋起"。

在很多时候，挫折也是人生旅途上的一块巨石，青少年只有利用它，才可在砥砺精神刀锋的同时开掘生命的金矿，从自信、乐观、勇敢、诚实、坚韧之中找到人生的方向。

故事穿越

1985 年戚元静出生于山东淀州的一个贫困农村家庭，一家六口住在破旧的“危房”里。在她初一时，她的 3 个姐姐全部出嫁了，她之前被姐姐们呵护的日子也随之消失了。高中的生活费使全家一筹莫展。戚元静说，她高中时一个月的生活费只有 30 元，每天只能消费一块钱。上高中后，她一个月回家一次。为了省钱，每次她都是骑自行车往返，单程就是 80 里。

上高中 3 个月后，看着父母的艰辛，戚元静的精神负担越来越重。在一次次激烈的思想斗争后，她毅然决定退学，去挣钱来改善家庭生活。她说服了父母，拒绝了班主任 3 次登门劝说。最终班主任只是给了她一封信，说：“也许这次退学是一次辉煌的结束；但是，我更希望它是另一个辉煌的开始。人生有很多路可以走，希望你找到一条更广更宽的路。”这些话给了她莫大的鼓励。

辍学后的她，心中唯一的念头就是“让父母不再辛苦”。在村干部的照顾下，她在家乡的中心实验小学为一个休产假的老师代了一个学期的课。当时每月的工资只有300元，不管吃住，但对于她来说，终究也是新生活的开始。

代课的工作很快结束了。在姐姐的建议下，她只身一人去了济南，做了一个月的摄影师助理，3个月的化妆师助理，由于收入太少，又改做推销员。在两个月的推销中，她经历了无数次的碰壁，受到了太多鄙视。她把赚来的钱一点点积存起来，默默忍受旁人眼中“小气鬼”的指责。

2003年春节后，她来到天津，应聘了一家只招中专以上学历人员的电子厂。也许是看中她的细心，公司副总破格录取了她。工作相对稳定，使她有了能够看书的业余时间。

2003年的春天，为了家里能有个新房，她把自己工作以来所有的积蓄都寄回了家。当她七月份从天津返家时，新房也基本建成。她如释重负，父母终于有了栖身之所。

求学的愿望并没有因工作而丝毫减退，反而越来越强烈。在前班主任的帮助下，她在县职业中专的高中部学习了一年多，在此期间，被评为“省级三好学生”。后来，她凭借自己的实力和努力在5年后又回到上过3个月学的县二中学习。每当父亲问及学费时，她都会说：“我自己会解决的。”父亲听后是既欣慰又酸楚，“这些年里，你说的最多的话就是‘我自己会解决的’。”为了跟上学习进度，她加倍努力自学。

2006年9月，戚元静考上了江南大学。学习之余，她做家教、找兼职，用于日常生活开支和偿还学费。如今的戚元静，走过了孤独和无助，正微笑着面对学习和生活。

故事微语

生活青睐强者，当你面对困难的时候，抬头望望就会发现路还很长，奋力拼搏，自强不息，困难就会被踩在脚下，请相信一句话，经历过风雨，终将见到绚丽的彩虹。其实生活很简单，只要你微笑着去面对，明天就会阳光灿烂。

古人云：“天将降大任于斯人也，必先苦其心志。”这个世界，确实存在太多问题，也许有太多不如意，但是生活还要继续。无论面临什么样的挫折，都可以看作上帝给予的恩赐，目的是锻炼自己。美国伟大的演说家爱默生曾说过：“每种挫折或不利的突变，是带着同样或较大的有利的种子。”古希腊伟大的哲学家毕达哥拉斯这样说过：“短时期的挫折比短时间的成功好。”生活中这样的人还有很多：“当代保尔”张海迪已与病魔抗争到现在，带给人们宝贵的精神财富和热情洋溢的笑容。在艰辛和病痛面前，这些人选择了自立和坚强，选择了责任和担当。在他们看来，只要脊梁不弯，就没有扛不起的重担；只要精神不垮，就没有解不开的难题。

“自古雄才多磨难。”面对挫折，青少年应当拿出勇气和耐心，并对自己说：“风雨中这点痛算什么！”主动出击，迎接挑战，学会自立，直面挫折，笑对挫折，把挫折当作前进中的踏脚石，然后拥抱胜利。

心灵箴言

天完全是为了锻炼我们的意志，才在我们的道路上设下重重的障碍。

——[印] 泰戈尔

种子不落在肥土而落在瓦砾中，有生命力的种子决不会悲观和叹气，因为有了阻力才能磨炼。

——夏衍

上人生的路上，有洁白芬芳的花，也有尖利的刺，但是自爱爱人的人儿会忘记了有刺，只想着有花。

——茅盾

我一生基本上只是辛苦工作。我可以说，我活了 75 岁，没有哪一个月过的是真正舒服的生活，就好像推一块石头上山，石头不停地滚下来又推上去。

——[德] 歌德

自己是最可靠的舵手

故事话题

一位年老的智者的儿子，因为觉得自己长相不佳，所以不愿出门。有一天，智者对儿子说：“你和我一起出去。”

他们一大清早就离开家门。年老的智者骑着驴，儿子走在他身边。这时有人就开始议论纷纷。“看看这个人，他骑在驴上休息，却让他可怜的儿子走路。”

第二天，他的儿子骑驴，智者在一旁走着。这时又有人说：“你们看看这孩子，一点儿教养都没有，自己骑驴，让父亲走路。”

第三天，智者和他的儿子都在走路，他们用绳子拖着驴出门。“瞧瞧这两个傻瓜！他们居然走着，好像不知道驴子是用来骑的。”那些人又在议论。

第四天，当他们离开家时，两个人都骑在驴子上，那些人大声表达他们的愤怒：“真是可怜啊！看看这两个人，他们对这头可怜的驴子丝毫没有同情心！”

于是智者立刻对他的儿子说：“你听清楚了吗？不论你做什么，人们总是能找得到理由批评你，这就是为什么你不应该担心他们的看法，而应该做你认为对的事，走你自己的路。”

故事解析

智者与儿子无论怎么做，都会有人来议论，那么他们按照谁的意见去做呢？其实最好的方法就是按自己的意愿去做。

小的时候，每个人都有远大的理想。但是后来呢？当我们年岁增长到可以去实现自己的理想时，却面临来自四面八方的压力。我们耳边不断萦绕着别人的议论：“别做白日梦了！”“你的想法不切实际、愚蠢、幼稚可笑。”在这些议论的连番轰炸之下，我们要么完全放弃，要么半途而废。不是事情绝对不可能成功，而是太多的消极意见使你丧失了走向成功的勇气。只有那些真正意志坚定的人，才能冲破这些消极意见，走向成功。

故事穿越

一群蛤蟆在进行比赛，看谁先到达一座高塔的顶端，周围有一大群蛤蟆在看热闹。比赛刚开始，便听到围观者一片嘘声：“太难为它们了！这些蛤蟆无法达到目的地，它们不会创造奇迹的。”蛤蟆们开始泄气了，可是还有一些蛤蟆在奋力摸索着向上爬去。

围观的蛤蟆继续喊着：“太难了！你们不可能到达塔顶的！”其他的蛤蟆都被说服，渐渐停了下来，然而这个时候，只有一只蛤蟆一如既往地继续向前，好像没有听到大家的嘲笑声，并且更加努力地向前。

比赛结束，其他蛤蟆都半途而废，只有那只蛤蟆以令人费解的毅力一直坚持下来，竭尽全力到达终点。

其他的蛤蟆都很好奇，想知道为什么就它能够做到。大家惊讶地发现——原来它是一只聋蛤蟆！

故事微语

如果总是听信于别人，便会丧失自己的原则与立场，而与成功无缘。之所以我们要走自己的路，完全是因为我们每个人都是独特的——永远不要忘记这一点。你是要成功还是要听别人的话？如果有人说，你无法实现你的梦想，那么，你就做一个“聋子”！

梦想再加上坚持自己的主见，这是所有成功者的公式。一个勇于选择自己人生走向的人，往往具有顽强的意志力，他们能在一连串的挫折中经受住考验，从而锤炼自己的意志力，使自己成为一个勤奋、勇敢和富有创新精神的人。

在人生的旅途中，你是你自己唯一的船长，千万不要让别人驾驶你的生命之舟。你要秘密地坐在舵手的位置上，决定自己何去何从。人生的旅途十分短暂，要珍惜自己所拥有的选择权和决策权，虽然可以参考别人的意见，但是千万不要随波逐流。

心灵箴言

生命犹如一条船，每个人都要有掌舵的准备。

——[挪] 易卜生

我愿独立自主和照自己的意思过生活；凡是我自己需要的，我欣然接受，我不需要的，我就决不希求。

——[俄] 车尔尼雪夫斯基

多快乐啊，独立不羁，完全自主！多快乐：摆脱了他人的束缚，摆脱了往事的纠缠，摆脱了所爱所憎的面目的骚扰！多快乐：生活而不为生活俘虏，做着自己的主人。

——[法] 罗曼·罗兰

敢于改变自己才是命运的主人

故事话题

曾经有一个人，年少时，意气风发，梦想着能改变世界，但随着他年龄增长，阅历增多，他发觉自己无力改变世界，于是缩小了范围，决定先改变他的国家。

他很快步入了中年，才发现这个目标也太大了，于是他将试图改变的对象锁定在最亲密的家人身上，但他们还是维持原状，并不是他想象的那样。

当他垂老之际，他终于悟出了一个道理："我应该首先改变自己再影响别人。若我能先当家人的榜样，也许下一步就能改善我的国家，再往后，我甚至可能改造整个世界，谁知道呢？"

故事解析

不要试图改变别人，努力先将自己做好。不要去奢求世界为你而改变，踏踏实实地去改变自己吧！世界不因一个人而存在，无论这个人有多么强大，光芒万丈，也无论这个人有多么的弱小，穷困潦倒，世界都是公平的，他给予每个人以同样的东西——时间和生命。

物竞天择，适者生存。狗的嗅觉比人的嗅觉灵敏 100 万倍，听觉也比人灵敏好几倍，这就是生存适应。不这样就不能生存，就要被淘汰。当然，这种生存适应能力是经过了长期的生存锻炼才得到的。对于人类来说，同样有一个生存适应问题，而且作为万物之灵的人类，理所当然应有更高的生存适应能力。

生活中的每个人，都要先学会改变自己来适应生活，适应环境，这样才不会被淘汰，才有可能做一个强者。如果你进入一个新的环境，对于环境不甚满意，对别人的态度不理解，看不惯其他人的作为，那么，一定要想办法试着去适应。因为一味怨天尤人，不主动采取行动，最终被这个职场抛弃的只能是你自己。

故事穿越

马科斯原在营销部当部长。一天突然接到人事处的命令，调他到产品供应部。在公司里供应部的地位，远不如营销部，如此一调，等于贬了职，前途必然大受影响。

从前马科斯从事销售工作，整天往外跑，很合乎他的个性。如今要他整天坐在办公室，跟那些器材报表打交道，实在叫他受不了。开始，他一直闷闷不乐，心灰意冷。他想到一个问题："为什么以前我对自己信心十足，当上了供应科长，却情况大变呢？"他悟到一个事实："这是因为我对自己的期待值无形中降低了，我失去了激励自我的动力。"

于是，马科斯开始把全部精力投入到新工作中，慢慢地发觉供应科也大有用武之地，而且对整个公司来说起了很大的作用，只是平时大家把它忽略了而已。马科斯重新找到了工作的信心，一改以往消极拖沓的作风，变得充满了斗志，工作起来如鱼得水，得心应手。他的积极态度，也渐渐影响到了部属，把他们也带动了起来。由于出色的工作成绩，两次获得总公司颁发的特别奖金。

不久，马科斯收到了一张人事命令："调到总公司，晋升为营业部经理。"

故事微语

工作不是固定的，环境也不会一成不变。我们不能改变环境，但我们可以改变自己。改变自己，而不丢掉个性的棱角，这也许便是我们追求的极致。当我们没有能力去改变环境的时候，尤其是环境不利于我们的时候，就改变自己，这是一种智慧，一种策略。

改变世界、改变周围的环境曾经是很多人的梦想，却不是现实。现实是，我们需要改变自己去适应社会。面对周围的环境，甚至是整个世界，作为个人，我们是无能为力的，但是我们可以改变自己。

心灵箴言

我是我灵魂的主宰，我是我命运的主人。

——[美] 亨利

我们不能选择命运，但是我们能改变命运。

——佚名

要学会把你的精力集中到你能改变的事情上，不要为那些你不能改变的事情担忧。

——[美] 克雷恩

经验可以使我们少走弯路，帮助我们成长。我们必须首先改变我们自己，消除一切不良因素，才能享受由于成功带给我们的美好生活的乐趣。

——[美] 露丝·罗茜

命运都掌握在自己的手中

故事话题

有一只兀鹰，猛烈地啄着一个农民的脚部，将他的靴子和袜子撕成碎片后，便狠狠地抓起农民的双脚来了。

这时有一位绅士经过，看见农民如此鲜血淋漓地忍受痛苦，不禁驻足问他："为什么要受兀鹰啄食呢？"

农民回答："我没有办法啊。这只兀鹰刚开始袭击我的时候，我曾经试图赶走它，但是它太顽强了，几乎抓伤我脸颊，因此我宁愿牺牲双脚。啊，我的脚差不多被撕碎了，真可怕！"

绅士说："你只要一枪就可以结束它的生命呀。"

农民听了，尖声叫嚷："真的吗？那么你助我一臂之力好吗？"

绅士回答："我很乐意，可是我得去拿枪，你还能支撑一会儿吗？"

在剧痛中呻吟的农民，强忍着撕扯的痛苦说："无论如何，我会忍下去的。"

于是绅士飞快地跑去拿枪，但是就在绅士转身的瞬间，兀鹰突然拔身冲起，在空中把身子向后拉得远远的，以便获得更大的冲力，如同一根标枪般，把它的利喙刺向农民的喉头，深深插入。农民终于等不及而死掉了。死前稍感安慰的是，兀鹰也因太过费力，淹溺在农民的血泊里。

故事解析

不要等待别人解决你的痛苦，只要愿意，你可以超越它，解除自己的痛苦。你是你自己命运的主人，抱怨和忍耐都是徒劳的。只要你想摆脱，一定是有办法的，只是你没有去找罢了。

我们生命中的一切，一切的不快、悲哀、恐惧和不安都是我们自己的。我们可以自己做出选择，是要紧守不放，还是与持久的平静为伴。没有人能代替我们去决定这些，我们必须自己决定放弃它们。最伟大的导

师，也只能为我们指出真理之路。我们必须亲自实践，依靠自己的努力，放弃束缚灵魂和破坏平静的一切，才能获得自由和平静。

用更通俗的话说就，是我们必须自己去选择自己的生活，是快乐还是烦恼，是努力进取还是退却，这都是我们自己的选择，我们会按自己的选择去生活，自己承受各自的结果。

故事穿越

法国国王路易十一在宫廷里养了一名占星师，并对他的占星术万分信服。有一天，这名占星师预言宫中一名贵妇会在7天之内死亡，预言实现了，路易十一也吓坏了。他想，不是占星师谋杀了贵妇以证明他的准确性，就是他太精于此道。他的法力已经威胁到了自己，不管是哪一种情况，这名占星师都得死。

一天晚上，路易十一召见占星师。在占星师到来之前，路易十一告诉埋伏的士兵们，一旦他给了暗号，就冲出来把占星师杀死。

占星师如约而至。在发暗号之前，路易十一决定问他最后一个问题："你声称了解占星术，而且清楚别人的命运，那么告诉我你的命运如何，你能活多久？"

"我会在陛下驾崩前3天去世。"占星师回答。结果，路易十一一直没有下达暗号。

占星师的性命不但保住了，而且在他有生之年，路易十一不仅全力保护占星师，慷慨地赏赐他，还聘请高明的宫廷医生来照顾他的健康，最后占星师甚至比路易十一多活了好几年。

故事微语

曾经有过一句很时髦的话，叫作“让生命去等待”。据说它出自一首很时髦的流行歌曲，所以追赶时髦的现代人纷纷效仿，自认为这是时代哲理。

“让生命去等待”，等待什么呢？等待财富、金钱、好运、机遇，还是等待别人的帮助？等待命运的恩赐？等待异想天开的收获？

“让生命去等待”，为什么要去等待呢？是守株待兔，还是孤注一掷？很显然，所谓的时代哲理，只是一个莫名其妙的词语的组合，尽管人们可以用丰富的想象力去填补它，但它的中心意义无非落在“等待”二字上。因此，我们该问：我们有什么理由去等待呢，尤其是对于在当今信息大爆炸时代成长起来的青少年们，当今的社会，每一分钟都是十分可贵的，等待了一分钟就意味着失去了那些财富，而再去追寻，却着实不易。我们正处在汲取知识的时期，如果放松思想要求，让生命多休息、多娱乐、多悠闲一会儿，那流过的光阴怕永远也等不回来，所谓“时间就是金钱”、“时间就是生命”，不正贴切地描述了这一问题吗？有什么理由去等待呢？是犹豫吗？如果是犹豫，就应该在最短的时间里做出抉择，为你的目标而奋斗。切莫等待，否则，会使你失去斗志，使你失去能力，甚至失去机遇。有了去等待的时间，不如在这段时间努力创造，很可能找出比等待更完美的结果。一个真正有事业心的人应该把全部精力倾注于工作上，而不是甘心于守株待兔一样等待。同样，想达到目的的唯一途径不是等待，而是行动。

别让生命去等待，正像馅饼不会从天上掉下来一样。生活靠我们的双手去创造。等待时，日子从凝视的双眼前流过，留下的只是一个失去活力的你。生命是美好的，热爱生命，去奋斗、去进取，切莫等待！人生就是这样，命运常常掌握在每个人的手中。也许你禀赋天成，也许你资质平庸，但决定个人命运的往往不是这个，而在于自己如何去掌控。占星师的贵人不是别人，而是他自己，也唯有自己才能改变自己的命运。

请记住：只有把命运掌握在自己手中的人才能在瞬息万变的竞争中获得成功，才能在竞争中获得真正的机会。

心灵箴言

平凡的人听从命运，只有强者才是自己的主宰。

——[法] 维尼

我要扼住命运的咽喉，它决不能使我完全屈服！

——[德] 贝多芬

没有所谓命运这个东西，一切无非是考验、惩罚或补偿。

——[法] 伏尔泰

命运不是偶然的机遇，而是自主地选择

故事话题

第一天，神创造了一头牛。神对牛说：“你要整天在田里替农夫耕田，供应牛奶给人类饮用。你要工作直至日落，而你只能吃草。我给你50 年的寿命。”牛不满地说：“我这么辛苦，还只能吃草，我只要 20 年寿命，余下的还给你。”神答应了。

第二天，神创造了猴子。神对猴子说：“你要娱乐人类，令他们欢笑。你要表演翻筋斗，而你只能吃香蕉。我给你 20 年的寿命。”猴子不满地说：“要引人发笑，表演杂技，还要翻筋斗，这么辛苦，我活 10 年好了。”神答应了。

第三天，神创造了狗。神对狗说：“你要站在门口吠，你吃主人吃剩的东西。我给你 20 年的寿命。”狗不满：“整天坐在门口吠，我要 10 年好了，余下的还给你。”神答应了。

第四天，神创造了人。神对人说：“你只需要睡觉，吃东西和玩耍，不用做任何事情，只需要尽情享受生命。我给你 20 年的寿命。”人抗议道：“这么好的生活只有 20 年？”神没说话。

人对神说：“这样吧。牛还了 30 年给你，猴子还了 10 年，狗也还了10 年，这些都给我好了，那我就能活到 70 岁。”神答应了。

故事解析

每个人都有选择权，有什么样的选择就意味着你过什么样的生活，所以人们要把握住自己的选择权，无论是人还是事都是一样，要想得到自己想要的东西，就要懂得如何选择。

“你们替我决定吧！”“我随便，你们商量去吧！”“怎么都行！”不知道你的生活中是否经常有这样的话出现。

表面上看来，这些话显示出你很随

意的性格，但严肃地分析这些话，你可能会被我们的结论吓一跳——这种随便的态度是在敷衍自己的人生。

人生本来就是无数个选择的叠加，我们每天都会做出很多选择。选择了上课听讲，便不能选择在校园外自由自在地玩耍；选择了研究文学，便不能同时研究物理。时间是线性流逝的，我们在任何一秒钟都有选择的权利，也只能选择保持一种状态。这每一秒组合起来，就是我们的人生。很多著名的人物，他们都是用这种明确的价值观在指导着自己的选择。

在大自然看来，每一个生命都是鲜活灵动的，不管是啼哭的婴儿，还是摇晃着学走路的羊崽儿，或者是一颗美丽的树，都生长着，都有自己的力量，每一种生物都可以为自己做选择。

故事穿越

伊夫琳·格兰妮是世界上一流的打击乐独奏家。她曾说：“从一开始我就决定：一定不要让其他人的观点阻挡我成为一名音乐家的热情。”

格兰妮8岁时就开始学习钢琴。日子如流水般滑过，徜徉在音乐世界的她毫无倦怠，她的热情与日俱增。

但是，不幸的事情发生了，她的听力渐渐下降，医生们断定这是由于神经损伤造成的，而且这种损伤难以康复，还断言到12岁时她将彻底耳聋。虽然她非常震惊，甚至非常绝望和悲痛，但是她仍然执着地爱着音乐。

她的理想是成为打击乐独奏家，而在当时并没有这么一类音乐家。为了演奏，她学会了用不同的方法“聆听”其他人演奏的音乐。她穿着长袜演奏，这样她就能通过身体和想象感觉到每个音符的震动，她几乎用她所有的感官来感受她的整个声音世界。

虽然丧失了听觉，她依然决心成为一名音乐家，于是她向伦敦著名的皇家音乐学院提出了申请。

她的演奏征服了所有的老师。最后，她打破了这个学校从来不收聋学生的传统，顺利地入了学，并在毕业时荣获了学院的最高荣誉奖。

从那以后，她就致力于成为第一个专职的打击乐独奏家，并且为打击乐独奏谱写和改编了很多乐章。

故事微语

格兰妮一直坚持她自己的选择，她不为传统或世俗所左右，甚至医生的诊断也不能阻止她。她终于成功了，她成了世界上第一个专职的打击乐独奏家。

著名电影《肖申克的救赎》中有一段经典对白，是无数硬汉心中的座右铭：“不是忙着生存，就是忙着死亡。”选择坚强地生活，还是选择消极地等待死亡，这一切都由我们自己来选择。

生活中的你尝试过做选择吗？在学习和游戏之间，在交友和树敌之间，在谦逊和逆反之间。你又是否感受到了选择的巨大力量？感受到了自己的价值？

当你轻视自己的选择权利时，它就真的无足轻重；当你重视自己的选择权利时，它又会变得举足轻重。用汽车大王亨利·福特的话来说：“无论你认为自己能还是不能，你都是对的。”既然如此，为何不选择认为自己能做的呢？

心灵箴言

没有所谓命运这个东西，一切无非是考验、惩罚或补偿。

——[法] 伏尔泰

没有侥幸这回事，最偶然的意外，似乎也都是有必然性的。

——[德] 爱因斯坦

命运并非机遇，而是一种选择；我们不该期待命运的安排，必须凭自己的努力创造命运。

——[英] 布莱克

第四篇

依靠他人只是暂时的，靠自己才是终生的

依赖心理是一剂毒药，是阻碍一个人自立自强的最大绊脚石。有些人之所以会时时处处想着依赖别人，是缘于自身的惰性，做事情不想出力流汗，总想以较小的代价，甚至不付出任何代价就把事情做好，一遇到困难，想都不想就去寻找他人帮助。时间久了，就将自己变成一个平庸的人，将自己的命运交到了别人的手中。

独立思考，不依附他人的大脑

故事话题

爱因斯坦晚年时候，住在一个小村子里。邻居家有一个漂亮的 12 岁女孩儿，她每天放学后都来看望这位白发苍苍的科学家爷爷。爱因斯坦也喜欢经常检查她的功课和作业。

有一次，这个小女孩儿拉着他的手亲昵地问他："爱因斯坦爷爷，这道题怎么做？"爱因斯坦和蔼地说："孩子，要学会思考，不要一碰到困难就向别人伸手。"

有时，爱因斯坦会对小女孩儿稍加启发地说："我给你指个方向，不过，答案还得用你的头脑去找！"

爱因斯坦小时候，就是一个爱思考问题的孩子。还记得那个坐在鸡蛋上孵小鸡的他吗？他在 14 岁时，能够自学几何和微积分，在自学中一旦遇到困难，他总是细心琢磨、反复思考，直到实在算不出来时才向别人请教："给我指个方向吧！"可是，还没等人家开口，他就提出了自己的要求说："不要把答案全部告诉我，留着让我思考。"

直到后来，他用自己思考的力量成为一位杰出的科学家。当人们赞誉他对人类做出的巨大贡献时，他笑着说："学习知识要善于思考，思考，再思考。我就是用这个方法成为科学家的。"

故事解析

古希腊著名的哲学家赫拉克利特曾说过："博学并不能使人智慧。"只有在学习和生活中善于独立思考的青少年，才能开出智慧的花朵。培

养自己在学习上独立思考的意识，其实质就是在学习过程中一切知识都要经过自己头脑的消化。当然，在学习的过程中，有些机械记忆和模仿是必要的，但最终都要把它变成自己的东西，融入自己的思想中去。在学习中如果不能独立思考，在学海中随波逐流，人云亦云，就没有目标，不知飘向何方。

但是，对青少年而言，独立思考并不是使其胡思乱想，需要以一定的理论知识为基础。如果自己的脑袋里一无所有，那么任凭其如何独立思考，也是不会思考出什么“奇特”的东西来的。完全“独立思考”的人在这个世界上是不存在的，人们总是在吸取前人有益遗产的基础上，才能进行独立思考，以得出与前辈们多少有所不同的结论。因此，对于青少年而言，最重要的是学习所有对我们有用的知识，从而在此基础上培养自己独立思考的良好习惯。

故事穿越

有一次，比尔问一个七八岁的女孩儿：“你长大以后想当什么？”女孩儿很自信地答道：“总统。”全场观众哗然。比尔做了一个滑稽的吃惊状，然后问：“那你说说看，为什么美国至今没有女总统？”女孩不假思索地答道：“因为男人不投她的票。”全场一片笑声。比尔问道：“你肯定是因为男人不投她的票吗？”女孩儿不屑地回答：“当然肯定。”比尔意味深长地笑笑，对全场观众说：“请投她票的男人举手。”伴随着笑声，有不少男人举手。比尔得意地说：“你看，有不少男人投你的票呀。”女孩儿不为所动，淡淡地说：“还不到三分之一。”比尔做出不相信又不高兴的样子，对观众说道：“请在场的所有男人把手举起来。”言下之意，不举手的就不是男人，哪个男人“敢”不举手？在哄堂大笑中，男人们的手一片林立。比尔故做严肃地说：“请投她的票的男人仍然举手，不投的放下手。”

比尔这一招比较厉害，在众目睽睽之下，要大男人们把已经举起的手，再放下来，确实不太容易。这样一来，虽然仍有人放手下来，但是“投”她票的男人多了许多。比尔得意扬扬地说道：“怎么样？‘总统女士’，这回可是有三分之二的男人投你的票啦。”沸腾的场面突然静了下来，人们要看这个女孩儿还能说什么。女孩儿露出了一丝与童稚不太相称

的轻蔑的笑意："他们不诚实，他们心里并不愿投我的票。"许多人目瞪口呆。然后是一片掌声、一片惊叹声……

故事微语

这就是典型的美式独立思考。没有独立思考的青少年，就没有自立性。那么，青少年应该如何培养自己独立思考的习惯呢？

首先，青少年应明白独立思考的重要性，建立这方面的意识，产生独立思考的热情。由于现行教育制度的缺陷，也许有的科目不需要独立思考，只要死记硬背，也能取得较好的成绩，但无论是哪方面的知识，只有在思考、理解的基础上才能更好地加以记忆。这样，青少年才能懂得独立思考的意义，主动进行独立思考，逐步养成独立思考的良好习惯。

其次，青少年应多参加一些独立思考的活动。对于独立思考的活动，哪怕是还存在一些缺陷和不足，也要让自己多参加。至于出现的一些问题，可以让老师或同学帮忙解决。不要小看这独立思考的小火星。“星星之火，可以燎原。”“自古成功在尝试”。只要敢于独立思考，就说明他是一个不拘泥于现成东西的好学生，这一点是十分可贵的。

再次，青少年要克服自己高不可攀的心理。有些青少年只要一提起独立思考，便会直摇头：“老师讲什么，我们就学什么；书本上说什么，我们就背什么。独立思考，那是科学家的事，我们哪有这个本事啊！”的确，科学家需要独立思考的能力，但独立思考也并非高不可攀、可望不可及的。其实，对老师讲的有不同意见，经过思考向老师提出来就是一次独立思考的过程。还有，对书上的习题提出与教师不一样的解法，在无形中也是一种独立思考。

青少年应在学习与生活中敢于独立思考，善于独立思考，从而逐步培养自己独立思考的良好习惯。

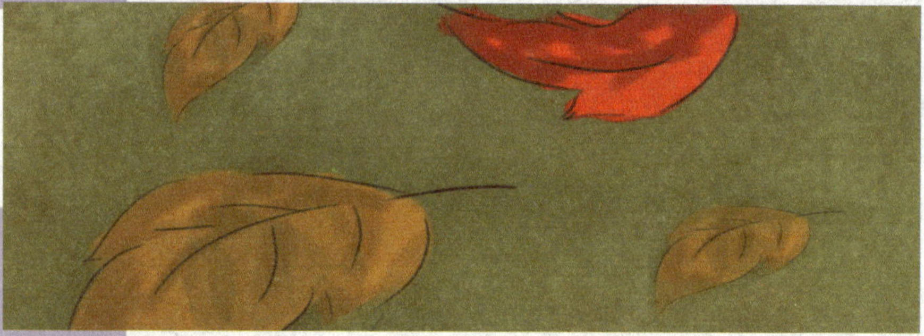

心灵箴言

思想的自由就是最高的独立。

——[美] 费斯克

当心！不要使你的脑子成了他人的跑马场。

——德国谚语

智力取消了命运，只要能思考，他就是自主的。

——[美] 爱默生

学会独立思考和独立判断比获得知识更重要。不下决心培养思考习惯的人，便失去了生活的最大乐趣。

——[德] 爱因斯坦

靠自己的双手开创未来

故事话题

从前有一个农夫，在一次上山砍柴的过程中，在悬崖边救了一个翅膀受到严重伤害的天使。天使的翅膀痊愈之后，她告诉农夫自己是上帝派到人间的天使，因为心地善良的农夫救了自己，所以自己可以满足他三个愿望。

农夫喜出望外，回到家中便把这个好消息告诉了妻子。妻子是一个精

明能干的女人，她让农夫告诉天使，他们需要整整一屋子的金银珠宝。当看到整屋子都堆满璀璨夺目的珠宝时，他们夫妻吃惊得连嘴都合不拢。但是他们仍然感到不满足，于是农夫和妻子又来到天使那里，告诉天使他们还想得到一望无际的良田。天使同样满足了他们这个愿望，并且告诉他们只剩下一个愿望能够得到满足了。农夫和妻子一边躺在已经属于自己的万顷良田之上，一边想应该怎样充分利用这最后一个愿望。最后，还是精明的妻子有了一个好想法。再次见到天使时，农夫就按照妻子教给自己的话向天使表达了自己的第三个愿望："我们希望以后想要什么就有什么。"他说完这句话之，突然看到自己家中的所有金银珠宝全都没有了，而且万顷良田又变回了原来的荒山野岭。

故事解析

只想无限制地依靠别人实现自己的愿望是行不通的。越容易得到的往往就越容易失去，不如通过自己的双手去创造永远属于自己的东西。古人云："将欲取之，必先予之。"这句话便是告诉我们付出与得到之间的关系。付出了或许没有回报，但不付出就一定不会有回报。一个处处算计别人、贪图小便宜的人，不可能幸福满足地生活在世界上，因为人的欲望是无止境的，贪图便宜也没有止境。因此，为了获得内心的富足，就要学会付出。我们付出的目的不是寻求回报，但是回报却不会因为我们不求就不来，选择了付出，就会拥有得到回报的机遇。

故事穿越

美国有一名大学生名叫马丁·库帕，大学毕业后没有找到工作。在花完身上的钱后，他感觉找工作的事情迫在眉睫，于是他决定去乔治的公司碰碰运气。库帕从小就很喜欢无线电，他对这位无线电界的资深人士非常崇拜。他想，如果他可以得到乔治的指点，他一定可以取得像乔治那样的成就。当他走进乔治的办公室后，看到乔治正在专心地研究无线电话。

库帕颤巍巍地站到了乔治的身边，小声地说出了他藏在心里的话："尊敬的乔治先生，我是一名无线电爱好者，我想留在你们公司工作。当然，如果您能让我留在您的身边，我会感到很荣幸，我不求您给我薪水……"库帕的话还没有说完，乔治就打断了他的话，不屑地说："请问你是哪一年毕业的？之前从事过无线电行业吗？"

库帕说："我今年刚大学毕业，还没有找到工作，但是我很热爱无线电……"

乔治不耐烦地打断他的话："我想你可以出去了，请不要妨碍我工作。"

库帕听后原本忐忑不安的心却平静了下来，他从容地对乔治说："乔治先生，您现在是在研究移动电话吧。我想我可以帮您的忙。"

乔治听后很惊讶，眼前这个年轻人居然知道他在研究移动电话，但是他觉得库帕毕竟年轻，缺少经验，还不能成为自己的助手，因此依然没有把他留下来。

就这样过了很多年，1973年的一天，有一名男子站在纽约的街头，手中拿着一块约有两块砖一样大的东西，那便是第一部移动电话。把它拿在手中的这名男子就是当时被乔治拒之门外的马丁·库帕。现在，他是美国摩托罗拉公司的一名工程技术人员。他拿着那个电话拨通了乔治的号码："乔治先生，我现在正在用一部便携式无线电话和您通话呢！"

乔治做梦也没有想到，当时被他拒之门外的大学生居然比他先发明了移动电话。现在，移动电话已经很普及，它的发明者马丁·库帕的名字也家喻户晓。当记者采访马丁·库帕时，问："如果当时乔治先生接受了你，你一定会帮助乔治发明移动电话吧，那么今天的成就就不属于你，而是属于乔治先生了。"马丁·库帕却这样回答："你错了，先生！如果当时乔治先生接受了我，我们或许研制不出来这部移动电话。他把我拒于门外，不想让我在他那里学到东西，我受到了这样的屈辱，但是我没有因此而放弃，我把那份屈辱化成了动力，重新开辟了一条研制移动电话的道路。如果没有这种动力，或许我们联手也研制不出来。"

故事微语

从库帕的话中我们得到这样的启示：人一定要坚持，即使不被人信任，也一定要自己相信自己的能力。同时，我们也受到这样的启发：把成功的希望寄托在他人对自己的帮助上，往往会让人产生一种惰性，而寄托在自己身上，才能够全力以赴，并最终做出令人叹服的成绩。因此，每个人都要学会自强，懂得自立，要时刻牢记：求人不如求己。

心灵箴言

过去属于死神，未来属于你自己。

——[英] 雪莱

人长着大脑为的是思索人生；人长着双手为的是创造未来。

——佚名

凡事欲想成功，必须依靠自己的凡力而不能借助上帝的神力。

——[美] 约瑟夫·奈

未来是光明而美丽的，爱它吧，向它突进，为它工作，迎接它，尽可能地使它成为现实吧！

——[俄] 车尔尼雪夫斯基

不要依赖任何人

故事话题

宙斯想为鸟类立一个王。他指定了一个日期，要求众鸟全部按时出席，以便选它们之中最美丽的为王。

众鸟都跑到河里去梳洗打扮。寒鸦知道自己没一处漂亮，便来到河边，捡起众鸟脱落下的羽毛，小心翼翼地全插在自己身上，再用胶粘住。指定的日期到了，所有的鸟都一齐来到宙斯面前。宙斯一眼就看见花花绿绿的寒鸦，在众鸟之中显得格外漂亮，准备立他为王。众鸟十分气愤，纷纷从寒鸦身上拔下本属于自己的羽毛。于是，寒鸦身上美丽的羽毛一下全没了，又变成了一只丑陋的寒鸦了。

故事解析

只想依靠别人的力量来达到最后的成功，那成功就只能成为你镜中花、水中月的美丽梦想，因为别人的力量只能起辅助作用，最主要的力量还是源于你自己。

人若失去自我，是一种不幸；人若失去自主，则是人生最大的缺憾。赤橙黄绿青蓝紫，每个人都应该有自己的一片天地和特有的亮丽色彩。你应该果断、毫无顾忌地向世人宣告并展示你的能力、你的风采、你的气度、你的才智。在生活道路上，必须自己做选择，不要总是踩着别人的脚印走，不要总是听凭他人摆布，而要勇敢地驾驭自己的命运，调控自己的情感，做自己的主宰，做命运的主人。

故事穿越

上学的时候，有一个体育老师教婷婷溜冰。

开始，不知道技巧，总是跌倒，于是婷婷向老师请教有没有什么方法可以快速掌握溜冰的技术。老师给了她一把椅子，让她推着椅子溜。果然，老师的这个方法很好用。因为椅子稳当，可以使婷婷站在冰面上就像站在平地上一般，不再跌跤。婷婷可以推着它前进，来往自如。

婷婷想，椅子真好。于是，她一直推着椅子溜，从没想过有一天需要全凭自己的能力完成这个活动。因为有椅子的辅助，让婷婷以为溜冰其实是一项很简单、很容易做到的运动，结果就有了后面的不便。

溜了大约一星期左右，有一天，老师来到溜冰场，一看，婷婷还在那里推椅子。这回他走了过来，一言不发，把椅子从婷婷的手中搬走。

失去了椅子，婷婷紧张地大叫起来，结果脚下不稳，一下子跌倒在地。婷婷嚷着要那把椅子。老师站在一旁，看着婷婷叫嚷，却无动于衷。婷婷没有办法，只得自力更生，无数次跌倒，无数次爬起，这才站稳了。

婷婷终于明白了一个道理，推椅子只是一个过程，真要学会溜冰，必须把椅子拿开，没有人带着椅子溜冰。没有人天生就会溜冰，在学习的过程中，一些辅助是必要的，但不能完全依赖，否则你永远学不会做任何事情，溜冰如此，别的事情也不例外。自己跌倒了，必须自己站起！

故事微语

当今时代，独立能力显得尤为重要，对于青少年来说，拥有独立的人格更加宝贵。世界上没有人可以支持我们一生，父母终会老去，更需要我们的照顾，朋友也有自己的天地，所以必须学会独立。

人要靠自己活着，而且必须靠自己活着。在人生的不同阶段，都应竭尽全力达到理应达到的自立水平，拥有与之相适应的自立精神。这是当代人立足社会的基础，也是形成自身“生存支援系统”的基石，缺乏独立自主个性和自立能力的人，连自己都管不了，还能谈发展或成功吗？即使你的家庭环境所提供的“先天地位”是处于天堂之乡，你也必须先降到凡尘大地，从头做起，练就自立自行的能力。

人要勇敢地做自己的上帝，因为真正能够主宰自己命运的人就是自己，当你相信自己的力量之后，你的脚步就会变得轻快，你就会离成功的目标越来越近。

只有做自己的上帝，你才能充分发挥自身的潜能。如果你还在等待别人的帮助，那就在这一刻改变吧。

心灵箴言

人多不足以依赖，要生存只有靠自己。

——[法] 拿破仑

我宁愿靠自己的力量，打开我的前途，而不愿求有力者的垂青。

——[法] 雨果

该让每个人竭力保持自己的独立性，不依赖任何人，无论他怎样爱这个人，怎样相信他。

——[俄 [车尔尼雪夫斯基

我们虽可以靠父母和亲戚的庇护而成长，依赖兄弟和好友，借交游的扶助，因爱人而得到幸福，但是无论怎样，归根结底人类还是依赖自己。

——[德] 歌德

依赖别人是不现实的

故事话题

在一次意外中，一位个男子被困于海上的一一座绿个小岛上。男子每天都无时无刻抱着很大的希望盼着求援救援船队的到来。可是，等了3天，仍未见到任何船只的身影！。他只能自我安慰道：

“再等等，相信自己一定能获救的！”

又过了5天，依旧未见到任何船只。，男子仍然安慰自己：“再等等，一定会有船来的。”

又过了10天，男子感觉有些绝望了！。但是还坚持着：“不！再等等，相信一定会有船经过这里的！”

就这样，过了一年，终于，有船只停靠在这座绿岛边，不幸的是，男子已经死去很久了！。

故事解析

没有人会逼着男子留在这个岛上，更没有谁杀害了男子。一切都是男子的执着与依赖性让自己陷入无底的深渊——依赖别人，却不靠自己。

很多人都有一种依赖他人的心理，其实只要加把劲儿，凭自己的能力也能把问题解决，却总想着去求人，往往问题解决了，头脑里没有留下什么深刻的印象，以后遇到类似的问题，还得去求人帮助。一个人应当在力所能及的条件下去帮助别人，得到帮助的人也应当积极地克服自己的困难，无论目前的情况有多糟，都不要被困难吓倒，一定要有战胜困难的决心和信心。有些时候，真正能够拯救你的只有你自己，别人的帮助都是外因。阿基米德说：“给我一个支点，我就能够撬动地球。”如果没有主观上改变现状的愿望和行动，别人给你再多的支点，可能也无法撬动一块石头。

如果你依赖别人，那么你将失去自己的特色；如果你依赖别人，你就至少部分地把自己交付给自己

所依赖的人，就受到了他的支配，受到他的制约；如果你依赖别人，就会丧失主动进取的精神，使自己陷入被动的境地。

千万不要依赖别人，对别人寄予的希望越少，以后的失望越少。越依赖别人，越会使自己退化。

故事穿越

4 岁的小克莱门斯上学了。教书的霍尔太太是一位虔诚的基督徒，每次上课之前，她都要领着孩子们进行祈祷。有一天，霍尔太太给孩子们讲解《圣经》，当讲到“祈祷，就会获得一切”的时候，小克莱门斯忍不住站了起来，他问道：“如果我祈祷上帝呢？他会给我想要的东西吗？”

“是的，孩子，只要你愿意虔诚地祈祷，你就会得到你想要的东西。”

小克莱门斯特别想得到一块很大很大的面包，因为他从来没有吃过那样诱人的面包。而他的同桌，一个金头发的小姑娘每天都会带着一块那么诱人的面包来到学校。她常常问小克莱门斯要不要尝一口，小克莱门斯每次都坚定地摇头，但他的内心是痛苦的。

放学的时候，小克莱门斯对小姑娘说：“明天我也会有一块大面包。”回到家后，小克莱门斯关起门，无比虔诚地进行祈祷，他相信上帝已经看见了自己的表情，上帝一定会被自己的诚心感动的！。然而但是，第二天起床后，当他把手伸进书包的时候，除了一本破旧的课本外什么也没有发现。他决定每天晚上坚持祈祷，一定要等到面包降临。

一个月后，金头发的小姑娘笑着问小克莱门斯：“你的而包面包呢？”

小克莱门斯已经无法继续自己的祈祷了。他告诉小姑娘，上帝也许根本就没有看见自己在进行多么虔诚的祈祷，因为，每天肯定有无数的孩子都进行着这样的祈祷，而上帝只有一个，他怎么会忙得过来？小姑娘笑着说：“原来祈祷的人都是为了一块而包面包，但一块而包面包用几个硬币就可以买到了，人们为什么要花费这么多的时间去祈祷，而不是去赚钱买而包面包呢？”小克莱门斯决定不再祈祷。他相信小姑娘所说的正是自己想要知道的——只有通过实际的工作来获得自己想要的东西。而祈祷，永远只能让你停留在等待中。小克莱门斯对自己说：“我不要再为一件个卑微的小东西祈祷了。”他带着对生活的坚定信心走向新的道路。多年以后，小克莱门斯长大成人，当他用笔名马克·吐温发表作品的时候，他已经是一名为理想勇敢战斗的作家了。他再也没有祈祷上帝，因为在无数个艰难的口子中日子里，他都记着：不要为卑微的东西祈祷！只有奋斗和努力是真实的，只有自己的汗水是真实的。祈祷天堂里的上帝，不如相信真实的自己；祈祷虚无的上帝，不如付出诚实的劳动。

故事微语

要想有所成就，只能靠自己，自己才是起决定性作用的内因。命运是掌握在自己手上的，凡事都需自己奋斗，靠他人只是徒劳。想要依靠别人来获取幸福是不现实的，那只能使你的前途一片暗淡；路再远，即使荆棘载途，只要自己向前去走，勇敢地去披荆斩棘，就一定能走到目的地。

有一位学术界知名的学者曾告诫青年学生：“如果你过分依赖别人，你就会很容易上当，因为你不能辨别出别人的话究竟是对的还是不对的，所以你对别人的动机也就茫然不知。”成大事者的身上具有许多种优良品质——勇敢、忠诚、创新、进取，当然独立也是这些品格中不可缺少的品质之一。如果一个过分依赖他人的人也能获得成功，恐怕历史上就不会有那么多民族为独立而战了。

求人不如求自己。虽然在工作或生活中寻求他人帮助，并不是不可以，但是要把握度。在人生的起步阶段，由于自身能力不强或经验的欠缺，需要寻求他人帮助，学习他人身上优秀的品质和处理问题的思路，汲取经验，提升自身素质。但这是建立在自觉自立的基础上，当羽翼丰满、翅膀硬朗的时候，你就要独立去面对问题，解决问题。也许刚开始还不适应，畏难发愁，心里没底，但只要你有信心做好，然后再发挥自己的才能与智慧，就一定能解决问题。独立解决问题，不但能使你得到真正的锻炼，还能培养强大的自信心，再遇到问题或困难，就会积极面对，而不是首先想寻求他人帮助。

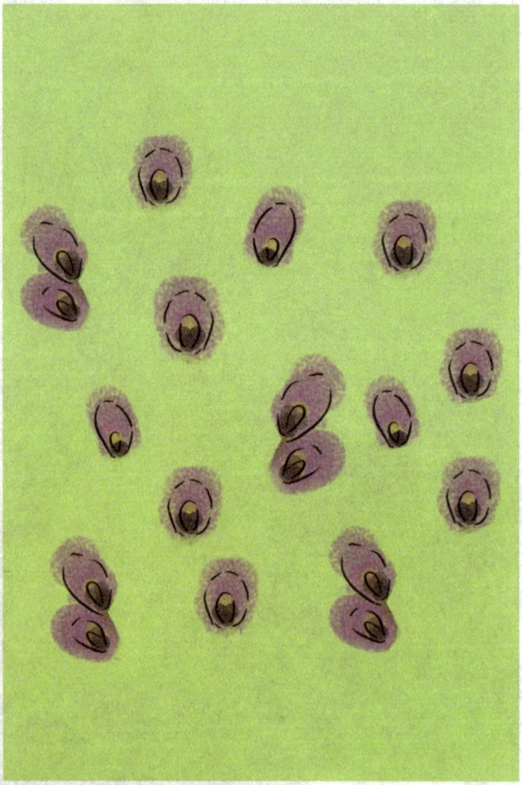

心灵箴言

自立自重，不可随人脚跟，学人言语。

——陆九渊

没有独立气魄的人，总是依赖成性，为非作歹。

——[日] 福泽谕吉

现今还有谁会照顾谁一辈子？那是多沉重的一个包袱。所以非自立不可。

——亦舒

如果你想走到高处，就要使用自己的两条腿！不要让别人把你抬到高处；不要坐在别人的背上和头上。

——[德] 尼采

告诉自己“我能行”

故事话题

辛普森是一家银行的职员，从他上班的第一天他就认为自己是做不好这份工作的。只要银行有错误的事情发生，他就以为是自己做的，以致天天担惊受怕。

正是在这种潜意识，他开始消极怠工。终于有一天，他在对账的时候马虎大意，将账单的一个小数点给漏掉了，这就使得银行亏损了上百万元，辛普森也因为这次麻痹大意而锒铛入狱。

故事解析

可以说，辛普森的遭遇就是一种潜意识错误的结果，他从一开始就在自己的意识中灌输了做不好这份工作的思想，从而造成了以后的工作失误，也最终让自己尝到了苦果。辛普森这种自我否定的想法叫作“潜意识失败”。

“潜意识失败”反映了“对自身伟大之处的恐惧”的情绪状态，导致人们不敢去做自己能做得很好的事，甚至逃避发掘自己的潜力，说白了就是不敢向自己的最高峰挑战。正是这种自我潜意识的失败定位，往往会将一个人从根本上打倒。对于那些“潜意识失败者”来说，他们经常在内心对自己说“我不行”，也正是这样的原因，他们才不敢迈出第一步，也就永远无法实现自己的梦想。比起那些尝试过很多次仍无法避免失败命运的人来说，“潜意识失败者“是更为可怜的，虽然看起来他们什么也没有做，也并没有付出。

成功殿堂的大门，不是任意通行的，每一个进入者都要拥有自己打造的钥匙。开启成功之门的钥匙，必须由我们亲自来锻造。锻造的过程，就是挖掘潜能、释放潜能的过程。假如你见了生人就害羞，不敢与人交谈，或者惧怕陌生的环境，假如你有类似的面部抽搐及不必要的眨眼、颤抖、小动作、难以入眠等“紧张症状”，假如你畏首畏尾、不敢争取，甚至经常觉得忧愁、焦虑和神经紧绷等，说明你在严重压抑自己的个性，内心已然套上了沉重的枷锁而不能自拔。对事情你过于谨慎，行事顾虑过多，限制了潜能的释放，阻碍了才能的发挥。

否定自己是对个人潜能的一种严重损毁，具有压抑个性的个人不能表现内在的创造性自我，因而显得停滞、退缩、禁锢、束缚，拒绝表现自己，害怕成为自己，把真正的自我紧锁于内心深处，思维也几乎陷于停顿。于是潜能不但没有释放，反而消耗在终日疲惫不堪的状态中。

故事穿越

有一个人在高山之巅的鹰巢里捉到了一只雏鹰，他把雏鹰带回家，养在鸡笼里。这只雏鹰整日与鸡为伴，和鸡一起啄食，一起嬉闹，一起休息。久而久之，它就以为自己也是一只鸡，与鸡的行为无异。后来，这只鹰渐渐长大，羽翼丰满了，主人就想把它训练成猎鹰，但是，因终日与鸡混在一起，它已变得和鸡完全一样，根本不知道该如何飞翔，它觉得鸡本来就是不会飞的，自己是不可能飞起来的。因此，无论主人想什么样的办法，它都飞不起来。最后，主人很无奈，把它带到一处绝壁顶上，将它扔了下去，这只鹰像一块石头一样，垂直落体，直掉下去。在求生的本能下，鹰慌乱地、拼命地扑打着翅膀，没有掉到谷底摔死，就这样，它终于飞了起来。

故事微语

或许你会说：“它本来就是鹰，不是鸡，所以它才能够飞翔。而我本来就是一个平凡的人，因此，我也不可能做出什么了不起的事来。”这正是问题的关键所在——你从来没有期望过自己做出什么了不起的事来，因此总把自己定在自我限定的狭小范围内，甘愿把自己当成一只鸡。

爱迪生曾经说过：“如果我们做出所有我们能做的事情，我们毫无疑问会使自己大吃一惊。”无论遇到什么样的困难或危机，如果你认为你行，你就会想各种办法去处理和解决这些困难或危机。只要对自己的能力抱着肯定的想法，就能发挥出积极的力量，并且由此产生有效的行动，直至引导你走向成功。自我发掘的决心，自我依靠的习惯，可以让你变得越来越强大。你的内心有一个什么样的自己，你就慢慢地会变成什么样的自己。因此，大胆地对自己说“我能行”吧！

心灵箴言

你相信你能或不能，你都是对的。

——佚名

最可怕的敌人，就是没有坚强的信念。

——[法] 罗曼·罗兰

胜利并非总是属于更强和更快的人，胜利者终究属于认为自己能行的人。

——美国谚语

第五篇

成功的大门，要由自己亲自敲开

自立，是一种积极的人生态度，是催人奋进和获取成功的法宝，是中华民族可贵的民族精神，是敲开成功之门的金钥匙。即使在艰难险恶的环境中，青少年也要不断地磨炼自己的才干和智慧，做出卓有成效的努力。

用梦想铸造成功

故事话题

在一个群山起伏、连绵不断的山区里，儿子问父亲："山的那一边是什么？"从来没有踏出过山的父亲告诉儿子："山的那一边是山。"儿子又好奇地问道："山的那一边最后是什么呢？"吸着自己做的老烟袋的父亲很肯定地说："还是山！"儿子长这么大以来第一次没有相信父亲说的话。他在心里想着：山的那一边一定不是山。他联想着各种美丽的画面，并且下定决心，将来自己一定要走出这一片大山，去看看山的那一边到底是什么。后来，儿子长大了，于是背着包袱，尝试走出那一片祖祖辈辈的思想误区。最后他坚持着自己的信念，不辞千辛万苦，终于走出了那片连绵起伏的山，映入他眼帘的是一片蔚蓝色的大海。

故事解析

假如那个小孩子相信了父亲说的话，他就不可能这辈子见到蔚蓝色的大海。如果你失去了梦想，需要重新回头看看究竟发生了什么。你需要重新开始幻想你的生活，或者去创造一个新的梦想。不管你失去梦想的时间有多长，也不管你现在的生活看起来是多么乏味，你仍可以重新去梦想。

无论你是否相信，任何事情都会在我们身上发生，包括我们的梦想。当你明白发生了什么时，你才能继续向前。只有当你接受了你自己以及你的过去，你才会完完全全地生活在现在，才不会再去幻想未来。

即使千帆过尽，还有满载希冀的第1001艘船。只要心中有梦想，不自暴自弃，生活就不会抛弃你。

故事穿越

有一个年轻人，饱受贫穷与劳作的压迫，长时间被困在一个环境恶劣的车间里，没有机会上学，缺乏艺术的熏陶。但是他梦想着更好的事情：他想到智慧，他想到优雅、高尚和美，他在心中建立了一种理想的生活模式，他梦想着更大的自由和更广阔的天空。心中的骚动促使他行动，他利用所有业余时间，无论多么短暂，他运用各种方法充分地发展自己潜在的力量与资质。很快他的生活发生了巨大的变化，小小的车间作坊已不能够容纳他，于是像扔掉一件旧袍子一样，现实中的困苦被远远地甩在了身后。许多年以后，我们看到这个年轻人成为一个完全成熟的人，他是自己思想的主人，他已实现了年轻时的理想。

故事微语

拿破仑说过：“不想当将军的士兵不是好士兵。”一个人只有有了大梦想，在心中有了大舞台，才会付出更多的努力，才会成为一个好舞者，才能创造更大的价值。天上不会掉馅饼，生活不会毫无缘故地送给你礼物，你付出多少，就会收获多少，你想到多少，就要做出多少。它只为你的所作所为付出报酬。思想支配着人的行动，你所做的一切都源自你的所想，通过你的行动转化为你生活的一部分。

思想是人类所具有的最强大、无所不能的工具，怎么使用这个工具，将是你人生有无成就的关键。思想的格局决定了成功的格局，你的思想格局越大你的成功格局也就越大。一位思想家曾经说过：“伟人便是那些领悟出思想能统治世界的人。”是否对未来怀有梦想，决定了一个人怎样看待现实的生活，从而决定了他为未来付出怎样的努力。

心中的梦想将我们带入人类所不能到达的世界，向我们展示一个更广大的新世界。在那个世界里，有我们渴望获得的一切。它让我们发现了我们现在的生活是多么贫乏和无聊，从而激励我们不断地努力奋斗，去求取更好的生活和更新奇的梦想。

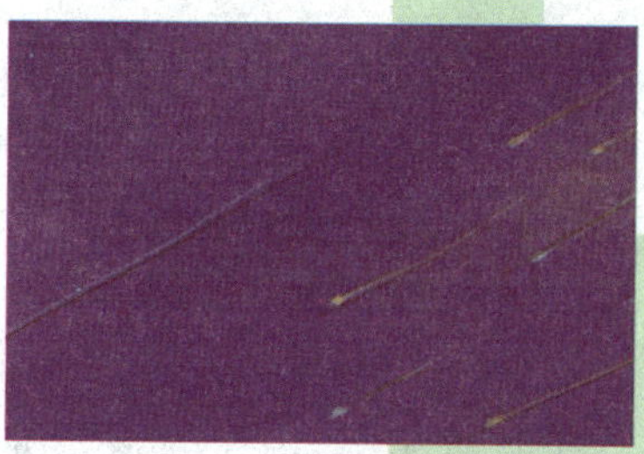

在心中怀有美丽的梦想和崇高理想的人，终有一天能够将之变为现实。哥伦布梦想着另一个世界，他发现了新大陆；哥白尼梦想世界的多重性和一个更广阔的宇宙，他揭示了宇宙的奥秘，因此将人类的视野扩展到广袤的天宇间；释迦牟尼梦想着一个一尘不染、宁静平和的精神世界，他进入了其中。

珍藏你的梦想，珍藏你的理想，珍藏曾经拨动你心弦的音乐，珍藏你心中圣洁的美，珍藏你心中最纯洁的思想，因为所有最令人快乐的环境、所有天堂的美好都来自其中。只要你对自己诚实，对自己的理想诚实，最终你梦想的世界会变成现实。

心灵箴言

梦想只要能持久，就能成为现实。我们不就是生活在梦想中的吗？

——[英] 丁尼生

梦想一旦被付诸行动，就会变得神圣。

——[英] 阿·安·普罗克特

一个人可以非常清贫、困顿、低微，但是不可以没有梦想。只要梦想一天，只要梦想存在一天，就可以改变自己的处境。

——[美] 奥普拉

是每个人都应该像我这样去建造一座水晶大教堂，但是每个人都应该拥有自己的梦想，设计自己的梦想，追求自己的梦想，实现自己的梦想。梦想是生命的灵魂，是心灵的灯塔，是引导人走向成功的信仰。有了崇高的梦想，只要矢志不渝地追求，梦想就会成为现实，奋斗就会变成壮举，生命就会创造奇迹。

——[美] 罗伯·舒乐

我们因梦想而伟大，所有的成功者都是大梦想家:在冬夜的火堆旁，在阴天的雨雾中，梦想着未来。有些人让梦想悄然绝灭，有些人则细心培育、维护，直到它安然度过困境，迎来光明和希望，而光明和希望总是降临在那些真心相信梦想一定会成真的人身上。

——[美] 威尔逊

微笑是成功的推动力

故事话题

司丹·只德是某证券交易所的会员，他靠买卖证券谋生。这是一个令人紧张的行业，司丹说，他结婚18年以来，从起床到出门办事，很难对妻子微笑，或说上三五句话。他说他是在百老汇街上行走的一个脾气最坏的人。他参加了当地的微笑训练班。他说："参加微笑课程后，因为要完成一个作业，对微笑的经验做一次演习准备，我想我就试一个星期看看。"

"次日早上，我看着镜子中的沉闷面孔，对自己说，司丹，你今天要一扫你的愁容，你要微笑，从现在开始。吃早餐时，我向妻子招呼说：'亲爱的，早。'我说的时候微笑着。"

"负责微笑课程的老师曾提示我，她或许会惊讶。可这对她反应的估计太低了，她简直迷惑了、惊呆了。我告诉她，这个将成为日常的事情。""我这样改变态度已有两个月。这两个月中，我们家庭所得的快乐，比去年一年中所有的还多。""我不仅在家里尝试使用微笑，在路上，在办公的地方，在工作中遇到人时都试着微笑。不久我发觉，人人都反过来对我也微笑。我觉得在调解矛盾时采用微笑要容易成功得多。我觉得微笑带给我许多财富。""有一个同办公室的年轻人说，他当初认识我时，以为我是个可怕的坏脾气的人，现在他改变了看法，他说我微笑的时候真慈祥。"

"我学会了保持微笑，这改变了我的人生。现在，不但我自己快乐，也给别人带来快乐，因而我的生意也越来越好。"

故事解析

人的一生，微笑是一辈子，痛苦也是一辈子。在与人相处时，保持一种乐观的态度，学会真诚地微笑是一门人生的艺术。

用微笑去面对打击，若干时间后，青春时期的你就会发现原来没什么过不去的坎儿，一切是那么简单明了。如果总是叹息自己命不好，埋怨命运对自己不公平，那么生活便会加倍地报复你，而你的生活之路就会真的越来越狭窄了。其实外来的一切并不可怕，也无法完全打倒我们，但压力与绝望来自内心，而自己又无力去扼住命运的咽喉，那才是真正的危险。

上帝给了我们两条眉毛，一双眼睛，稍稍向上翘起的嘴巴，组成了“微笑”，就是希望我们用微笑面对生活。没有嫣然绽放的花蕾，便没有四季可人的温馨；没有潺潺流过心田的微笑，便没有人生的洒脱。微笑是蕴含着一种振作、一种成熟、一种坚强、一种超越的魅力，只要我们微笑着面对生活，生活也会向我们微笑的。

培养微笑是件简单的事情，但把微笑落到实处，就会得到不简单的收获。让我们把微笑永远挂在脸上，面对每一个人，渐渐地变成一种习惯。世人说：“一个好的习惯可以成全一个人一生的幸福。”既然如此，我们就要微笑地生活，快乐地学习，享受微笑带给我们的无穷信心与力量。

故事穿越

作为希尔顿饭店的创建人，唐纳德·希尔顿跟员工上讲得最多的一句话就是：“你今天对客人微笑了吗？”这也是他经营旅馆业的座右铭。

31 岁时，希尔顿离开家乡墨西哥，只身来到德克萨斯州，投资了第一家旅馆——梅比莱旅馆。由山于经营有方，他的资产迅速增长到了 5100 万美元。当他兴奋地将这个成绩告诉母亲时，母亲却平静地指出，若想成就一番事业，必须把握住比 5100 万美元更值钱的东西。即除了对顾客诚实以外，还要想办法让每个新顾客都成为老顾客。母亲的话给了希尔顿重要的启示，他意识到只有“微笑服务”才是留住客人的法宝。此后，他对手下的员工宣布：服务时一定要对顾客微笑，这是我今后检查你们工作的唯一标准。

1925 年，希尔顿建造了一家以白自己名字命名的大饭店——希尔顿饭店。4 年后，他又建造了艾尔帕索希尔顿饭店。然而就在这时，美国经济陷入了大萧条时期。全美国的旅馆有 80%的旅馆倒闭，希尔顿旅馆也负债累累。面对困境，希尔顿奔赴各地，不断激励着员上们，他说：“千万不能把愁云挂在脸上。无论面对何种困难，我们都要对顾客微笑，我相信微笑能帮助我们战胜困难！”他的话鼓舞了每一位个工作人员，希尔顿饭店顺利渡过了难关。1933 年，他又买下了艾尔帕索的北山旅馆和朗浮城的葛莱格旅馆，并添置了许多一流的设施。开业时，希尔顿巡视旅馆并询问员工：“你们认为还需要添置什么？”员工们回答不出来。他笑着说：“如果旅馆里只有第一流的设备而没有第一流服务员的微笑，就好比花园里失去了春天的太刚太阳和春风。假如我是旅客，我宁愿住进虽然只有残旧的地毯，却但是处处能见到微笑的旅馆，也不愿走进只有一流设备而看不见微笑的地方……”

故事微语

微笑会使你保持愉悦的个性。微笑是春天里的一缕和风，吹拂过来总叫人感到神清气爽、心旷神怡；微笑是夏日里的一股清泉，总使人感到消暑解渴、清爽怡人；微笑是深秋里丰硕的果实，总让人感到在向你颔首致意、笑容可掬；微笑是寒冬里的一抹阳光，沐浴其中总令人感到温和柔美、暖意融融。

在成功人生丛书中，世界上最了不起的推销员乔伊·吉拉德所著的《我是最受欢迎的人物》一直位列畅销榜之首。这是一本不分职业和年龄皆开卷有益的书，关于微笑，他这样告诉我们：把以下这小小的告示放在你可以看到的地方：“我看见一个人脸上没有微笑，所以我给他一个微笑。”当你每次看到一张没有微笑的脸时，记得这样做。在问题还没有发生以前，试着把它们笑走，至少可以避免将小问题变成大问题。练习在你的声音里加入微笑，最容易的办法是当你讲话时就微笑，别人即使不能看到你，也一样可以听到你微笑声。用你的微笑表示你对每个人的欢迎。运用好这些“特别的微笑知识”，你会惊讶于它们对你的帮助。

心灵箴言

真正值钱的是不花一文钱的微笑。

——[美] 查尔斯·史考勃

记住，别轻易地放弃叩门，成功会在你下一次叩门时，微笑着迎接你的。

——佚名

当生活像一首歌那样轻快流畅时，笑颜常开乃易事；而在一切事都不妙时仍能微笑的人，才活得有价值。

——[德] 威尔科克斯

有一种东西，比我们的面貌更像我们，那便是我们的表情；还有另外一种东西，比表情更像我们，那便是我们的微笑。

——[法] 雨果

忍耐是成功的必修课

故事话题

一个 6 岁的孩子，在母亲领着他去邻居家串门儿时，适逢邻居家正在进餐，。因家境贫困，很久没吃过肉的他忍不住对母亲说：“娘，我要吃肉。”邻居闻言，立即请他入席，热情地招待他直到吃饱为止。

回家后，母亲关上门，狠狠地给了他两记耳光。他号啕大哭，稚嫩的心怎么也想不通：一向温和、慈祥的母亲，何以对自己大打出手？可是打完他，母亲却又心疼得地搂住他，开始大颗大颗地掉眼泪，边哭边对他说：“孩子，以后不能再要别人的东西吃，那样别人会看不起咱们，咱们虽然穷，但不能没有志气，你懂吗？”他并没有完全明白，可是看着母亲坚毅的目光，他似懂非懂地点了点头，为母亲擦去泪水说：“娘，您别哭啊，我再也不向别人要东西吃！”

不久以后，他上学了，同学们送他零食他从来不要，没钱买，他就远远地躲开。母亲的话他永远记在心间：一定要做一个人穷志不穷的人。大学毕业参加工作后，他发现自己是同龄伙伴中独立能力最强的，他从来不想依靠谁，更不想去找谁要什么，没有的就自己去争取，、去创造。

26 岁那年，他开办了自己的广告公司，成为当地最年轻有为的老板，母亲很为他欣慰，说：“孩子，你是娘的骄傲！”他却庄重地对母亲说：“不，这一切都要感谢您当年那两记耳光。”

故事解析

生活不如意，很难有人认为自己是幸福的，但是当你经受漫长的忍耐之后，你就会发现这些艰辛的生活就是你幸福的开端。

在遇到难办的事时，必须有忍耐的精神，即使结果令你难以忍受，也要笑脸相迎。只要是能够达到自己的目的，天大的羞辱都要忍一忍，不要

为了面子做出一些冲动的行为。俗语说：“忍字头上一把刀。”可见忍是一件多么困难的事。但是很多时候，你必须忍住一时的冲动。只有这样才能远离祸患，为自己的前途开辟一条宽敞大道。可以说，“忍”是在世间轻松行走的一条保身之道。

现实生活中需要我们忍耐的事情有很多，要想成功就必须学会忍耐和克制。有句名言叫“小不忍则乱大谋”，意思是说遇到事情要好好考虑清楚，不能只图眼前的痛快和利益。

在生活中与人相处，发生矛盾，产生误会和摩擦，都是在所难免的，在这种情况下我们就要做到忍，提倡忍。如果先把它强制为一种习惯，再逐渐升华为高层次上的修养，到那时你会看到它不仅有利于你的事业成功，还有利于你的身心健康。从整体来讲，如果所有人都认识到忍的意义并从自身做起，那么我们的这个社会一定会更加和谐。

故事穿越

他出身低贱，家境贫寒，小的时候曾乞食于洗衣妇，受辱于胯下，长大以后他成为秦汉一代名将，刘邦得天下，军事上全依靠他。这个人就是秦末汉初杰出的军事家韩信。

他年轻的时候父母双亡，家里很穷，经常遭人羞辱。韩信没有什么谋生的本事，只好常常到别人家里去蹭饭吃，所以别人都很讨厌他。有一次，韩信在淮阴城下的河里钓鱼充饥，几个大娘在河边洗衣服。有一个大娘见韩信饿了，很可怜他，就送给他东西吃。后来，那个大娘经常给韩信饭吃。

韩信很感激她，说："大娘，有一天我发达了，一定会好好报答您！"

大娘听了很生气，说："你不能养活自己，我看着你可怜，才给你吃的，难道我是贪图你将来报答我吗？"

有一个屠夫，一向看不起韩信，还常常对别人说："你们别瞧这家伙长着那么大的个子，又好舞刀弄剑，其实他胆子小着呢！"

韩信从街上过的时候，屠夫立即跳出来挡住他，叫道："韩信！你如果有胆不怕死的话，你就给我一刀；你要是怕死，就从我裤裆底下钻过去！"

他很久没有说话。看着屠夫那副趾高气扬的样子，他伏下身子，慢慢地从屠夫的裤裆下面钻了过去。从此以后大街上的所有人都笑话韩信，认为他胆子太小，不是个男子汉。

后来，人人都知道，韩信为刘邦平定天下立下了汗马功劳。他之所以甘心受这样的屈辱，不是因为他没有血性，而是他想干一番大事业，为此，就要保全自己。

韩信受胯下之辱，成为人们常用它来比喻那些为了干大事而甘愿受一时屈辱的人。

故事微语

忍是一种宽广博大的胸怀，忍是一种包容一切的气概。忍讲究的是策略，体现的是智慧。“弓过盈则弯，刀至刚则断”，能忍者追求的是大智大谋，决不做头脑发热的莽夫。

每个人在自己的一生当中，根本就不可能任何事情都是一帆风顺的，总会遇到各种各样的困难与挫折，不管是来自外界的，还是自身的，都在所难免。一个真正想有所成就的人，必然不会以一时一事的顺利与阻碍为念，也不会为一时的成败所困扰，而是发愤图强，艰苦奋斗，成就功业。“忍一时风平浪静，退一步海阔天空”，为了长远的考虑，何必要去计较一时之长短呢？

总而言之，一个人一定要学会忍，只有做到了忍一时之愤，才能够真正地干出一番大事业。青少年朋友在学习、生活、工作中，都要学会忍，只有这样，才能为自己打造出一条成功之路。

心灵箴言

忍耐即天才。

——[法] 布封

耐心和持久胜过激烈和狂热。

——[法] 拉·封丹

忍耐是痛的，但是它的结果是甜蜜的。

——[法] 卢梭

对待别人要能克制、忍让，不可怀有仇恨。

——[美] 富兰克林

自信是成功的突破口

故事话题

他是一个自卑的孩子，15 岁时，长得又瘦又小，而且他的家庭让同学们看不起，他父亲是卖水果的，母亲在学校边上做修鞋匠。

别的孩子全是这个城市中有钱的孩子，父母是有权有势的，他是一个例外，他的父亲没受过教育，花了很多钱让他上了这所重点中学。

入校的那天起他就受歧视。他穿的衣服是最不好的，别的孩子全穿有牌子的衣服，书包和铅笔盒都要几百块钱。有人笑话他的破书包，他曾经哭过，可他没告诉过父母，因为怕父母伤心难过，因为这个书包还是妈妈狠下心给他买的。

对他最好的就是张老师，张老师总是鼓励他，笑眯眯地看着他。张老师长得又年轻又漂亮，好多孩子都喜欢她。

圣诞节到了，所有孩子都给老师买了平安果，都是在那个最大的超市买来的。有包蛇果的，有包脐橙的，还有包苹果的。一个平安果便宜的要十块，贵的要几十块。他没有钱，他也不想向父母要钱，于是他煮了家里的一个鸡蛋送给了张老师。

他小心翼翼地拿着那个鸡蛋，用一张好看的红纸包上，同学们问他："你包的什么？怎么这么小这么难看？"他说："鸡蛋，送给张老师的。"

所有人都哈哈笑着，他自卑地低下头。他想，送给老师，老师会不会也笑话他？

想不到张老师不但没有笑话他，而且在全班同学面前说："同学们，这是张老师收到的最与众不同的礼物，这说明这个同学很有创意。其实不必给老师买什么平安果，有这份心老师就很高兴很激动了。"

他哭了，觉得老师对他真好，他总以为自己是穷人的孩子，会受到歧视，总以为自己没有尊严，但老师给了他极大的鼓励。老师还给他们讲了一个故事：从前，有一个小女孩儿，她们家很穷。有一天，她的母亲带着她去给校长送礼，想让孩子转到这个中心小学来。她的母亲把家里唯一一只老母鸡送给了校长，那时的校长是村长的儿子。她和母亲说明了来意，并且把那只老母鸡送给了校长，校长说："谁要这东西？我们早吃腻了老母鸡，连小柴鸡都不爱吃了。"

那句话刺伤了小女孩儿和她的母亲。她们没有去成中心小学，小女孩儿还在她们村子里上小学，但她明白了自己应该发愤努力，年年考第一。最后，她以全乡第一的成绩考上了县里的一中，后来，她又考上了师范，在一所小学里教书。

孩子们听完那个故事都很感动，张老师说："那个女孩子就是我。"

他听了，眼里已经有了眼泪，没想到，张老师也是穷苦孩子出身，也给人送过礼，而且被拒绝了！相比而言，他多幸福啊。

老师说："同学们，大家应该知道，每个人都是有尊严的，无论贫穷还是富有，所以这个鸡蛋是老师收到的最好的礼物。"

大家都鼓掌，而他趴在桌子上，哭了。

故事解析

自卑是人的内心深处一种消极的自我评价或自我意识，即个体认为自己在某些方面不如他人而产生的消极情感，是一种危险的心态。自卑是束缚创造力的一条绳索，要想成就一番事业，首先要做的一项工作就是拒绝和自卑纠缠。

世上有很多人因为对自己信心不足，而不能走出生存的困境。这种人就像一棵脆弱的小草，毫无信心去经历风雨。缺乏自信，在自卑的陷阱中爬来走去，是这些人最大的生存危机，这样就会导致挫败。如果不能从自卑中挣脱出来，就成不了一个能克服危机的人。

我们每个人都知道，自信是所有成功人士必备的素质之一。要想成功，首先必须建立自信心，而你若想在自己内心建立信心，即应像清扫街道一般，首先将相当于街道上最阴湿黑暗之角落的自卑感清除干净，然后再种植信心，并加以巩固。

故事穿越

琼尼的爸爸是一个木匠，妈妈是一个家庭主妇。这对夫妇节衣缩食，准备存钱送儿子上大学。琼尼读高二的时候，校长把他叫到办公室，对他说："琼尼，我仔细看过你的成绩和体格检查……""我一直很用功的。"琼尼插嘴道。"问题就在这里！"校长接着说，"你一直很用功，但进步不大，再学下去，恐怕是浪费时间了。"孩子用手捂住了脸，支支吾吾地说："如果那样，我爸妈会难过的！他们希望我能上大学。"校长用手抚摸着他的肩膀，意味深长地说："人的才能多种多样，工程师不识乐谱，画家不背九九表，这都是可能的，但每个人都有特长，你也不例外。总有一天，你会发现自己的特长，那时，你就可以让父母骄傲了。"

琼尼从此再也没去上学了。他替人建园圃，修剪花草，人们也开始注意他的手艺。他又接管了三四个火车站后面的垃圾场，把它们变成了一个个美丽的公园。在这些事情当中，琼尼树立了自信心，支撑起了他的人生信念，而后来他终于成了著名的风景园艺家。

故事微语

每个人都有自己擅长的领域。在这些领域中，你会是最迷人的、最出色的、最与众不同的。一个人的成功往往是凭借这些特长而获得的。因此，每个少年均应该使自己每天都信心十足，不能让一点点挫折就使自信心受挫，这样会使你走下坡路。自信会给你勇气，让你面对一切困难，也能使你成功。

生活到处充满着美丽的奇迹，只要我们挺起胸膛就会感到一切如意。人生是一盘棋，局部的失去对全局并无决定性的影响，关键在于能否把握大势，俯视全局，反败为胜。面对人生，青少年只有心中充满自信，才有勇气找到真正属于自己的快乐人生，才有力量走向辉煌灿烂的明天。

当然，每个少年都难免会产生烦恼、悲哀、内疚、失望等情绪。面临失败，有些少年会不断地提醒自己是个失败者，从而在战战兢兢中等待下一次失败，而失败也常常如约再次降临到这些少年身上。因此，失败有时

也是自找的，因为在真正的失败到来前，他们已经在心中对自己的能力产生了怀疑，放弃了努力，坐等失败的来临。成功人士也有失败的时候，但是面临失败他们也会维持他们的自信。他们会把失败当作特例，他们会对自己说“这不像是我干的，我会干得更好”；他们会从失败中找到积极的一面，如“留得青山在，不怕没柴烧”；他们会通过积极的行动来弥补过失，转移自己的消极情绪。通过这些行动，他们不仅再次具有了较高的自我评价，而且为现实中的成功做好了准备。对于他们而言，失败才是成功之母。

自信是成就一切的基石。当你自信地完成一件事情时，就有一种巨大的力量。对自己有信心的少年不会怀疑自己的能力，也不会担心自己的未来，他们会用信心给人生支起一片灿烂的天空。

心灵箴言

自信是走向成功之路的第一步，缺乏自信是失败的主要原因。

——[英] 莎士比亚

要有自信，然后全力以赴————假如具有这种观念，任何事情十之八九都能成功。

————[美] 威尔逊

只要有一种无穷的自信充满了心灵，再凭着坚强的意志和独立不羁的才智，总有一天会成功的。

——[法] 莫泊桑

自信能给你勇气，使你敢于向任何困难挑战；自信也能使你急中生智，化险为夷；自信更能使你赢得别人的信任，从而帮助你成功。

——[美] 洛克菲勒

成功打造不凡人生

故事话题

两个国家在沙漠里打仗，这场仗整整打了一个多月的时间，双方的士兵都累得疲惫不堪。

有一天，交战国双方的指挥官同时收到上级的指示：占领一个荒废已久但具有战略价值的据点。军机大事刻不容缓，两军指挥官立即命令各方部队向据点出发。他们距离那个据点的距离是相同的，同样的，他们的部队都很疲惫。以指挥官所说的的速度前进，那是根本不可能的事情，因为经过一个多月的沙漠之战，他们实在是太累了。

在这种情况下，A 军的指挥官下达了指示：每一次停下来休息时，只准 10 分钟，到了时间就要立即前进。体力不支的人不予扶持也不必急救，省得影响进程。

而 B 军指挥官也下达了指示：坚持到底！一刻也不能休息。为了减轻负担，除了水壶和武器外，其余的东西统统丢掉，甚至连粮食也不用带。如果有停下来的，一律视为不守军规，就地枪决。

A 军出发时有 300 个士兵，到达据点的有 200 人。而 B 军出发时也同 A 军一样有 300 人，但到据点时只剩 100 人。然而一阵枪响后，包括指挥官在内，A 军全部死在了据点附近，没有一个幸存者活下来。

结果为什么会这样呢，明明 A 军人多，为什么会失败呢？原来，B 军早到了 10 分钟，先架好机枪等着 A 军，关键就在这里，抢先一步使他们成为了功胜利者。

故事解析

一个人要快人一步，就要加强自己的机遇意识，在加快发展上下功夫。如果想在日趋激烈的竞争中抢占先机，就必须增强机遇意识，善于发现和捕捉机遇。能否抓住关键性的、带有全局性的机遇，对一个地方能否加快经济发展至关重要，只有在解放思想上先人一步，才能抢抓机遇高人一等；只有在思想解放上率先胜出，才能在加快发展上走在前列。因此，我

们要提高自己的能力，快人一步，抓住成功的机遇。

我们在进行赛跑时，每个人都在做准备的动力，等着哨声一响，便飞跑出去，跑向属于自己的成功，很多人的速度是差不多的，但最后的成功者只有一个，那个人之所以会成功，就是由于起跑时他比别人快上一步，抓住了起跑时的那几秒。在我们的生活中也是一样的，如果一个人在人生的起跑线上快人一步的话，我们的人生也会与别人不同，所以说起跑领先一小步，人生领先一大步。

在我们这个竞争激烈的时代，要比别人多下一些功夫，这一点点工夫往往就会在关键时刻，让你比别人多一些机会。在任何行业，只要能够想到比别人领先一步，就能够抢占先机，也能够让你在自己的行业中处于优势。

故事穿越

被誉为“上海茶王”的叶石生，是一个来自寿宁山区的汉子，他种过茶，办过厂，可谓是精通茶道，但在他到了大上海之后，竟然像一滴水融

进了大海，没了踪影。就在那批茶叶被拒收的当天，他在上海找了不下50家店铺，没人愿意收购它，自己不得不花9000元钱，租下一间不到45平方米的商铺，既当店面，又当住家，每天起早贪黑，推销茶叶。1994年春，他开了一家“集茗轩茶庄”。当时他有一个小小的“野心”：不仅仅要卖出积压的茶叶，更要把寿宁的茶叶、闽东的茶叶卖出去，在上海打响自己的品牌。

曾经有过受骗之痛的叶石生，在商场上特别重信用，求质量，这使得他的茶庄生意红火，在上海站稳了脚跟。两年后，一个很好的发展机会来了，他决定“一搏”。

1995年年底，原先位于大统路的农贸市场，因出于多种原因导致摊位空置，同时辖区内各种批发市场已基本齐全，惟唯独没有一家像样儿的茶叶批发市场，而。据权威部门测报，当时上海人均茶叶年消费量达0.9千克~1千克，因而工商分局有意要对市场进行改造。叶石生获得信息后，对包括市场周边的交通、客流量、消费群体等进行评估、调查后，揽下了改造市场的重任。

叶石生运用了所有的关系贷到150万元，并全部投入农贸市场的改造与完善中。经过半年多的积极筹建，这个占地面积8000平方米、共有150间营业店面的茶叶市场于1996年4月28日开张了。

大统路茶叶批发市场一开业，立刻引起了轰动，几乎全国茶叶主产区的茶商蜂拥而至，不到一个月，所有铺位包租一空。

开业半年，60万千克、价值2100万元的茶叶全部销售一空。目前，这个市场聚集了来自全国产茶基地的上千种知名品牌的茶叶。

叶石生回顾自己走过的艰难历程，很有感慨地说：“商场如战场，要敢于冒风险。上海这个地方，我认为，是创业者的乐园。创业有时就得承担风险，但冒险不等于赌博。想起当年我开办茶叶市场举债150万元，如果当时投资失败，就意味着倾家荡产，因此我只能选择背水一战，结果茶叶市场一炮走红。”

故事微语

成功的花环，往往只垂青于那些“敢为天下先”的勇者。叶石生，这个勇闯上海滩的闽东茶农，现在已是身价过亿的“上海茶王”。他创办的大统路茶叶批发市场，是目前上海市最大的茶叶批发市场，这里经营的茶叶批发量占上海茶叶交易总量的70%，成为媒体发布茶叶市场行情的价格依据。

人生路上，要时常告诉自己永远追求最好的。只有这样才能够帮助你走向富裕的道路，给自己加压才能让自己有行动的动力。

在这个世界上有两种人，一种人宁做鸡头不做凤尾，而另一种人宁做凤尾不做鸡头。

李白是后一种人。他在江湖上浪迹一生的目的只有一个，就是混入朝廷，就算是给唐明皇当个翻译、给杨贵妃当个秘书，他也觉得距离人生目标也近了一步，可以今朝有酒今朝醉了。虽然说他已经是一个大人物了，但是他还想让自己有用武之地，所以他宁愿在朝廷再谋取一职，让自己高人一筹。

所以说，只有敢于争先才有生存的机会，敢于争先才会有成功的机会。

心灵箴言

成功是垫脚石，即使不量倒影，人站在上面也会显得高大。

——[法] 儒贝尔

有一样东西是永世留芳的，这样东西就是成功。

——[美] 爱迪生

成功孕育着成功，这个道理完全正确，一次小的成功可以成为巨大成功的基石。

——[美] 马克斯威尔·莫尔兹

成败不在于闹街上的喧嚣，也不在于人群中的欢呼和喝彩，而在于我们自己。

——[美] 胡费罗

心灵榜样微史话

常香玉

常香玉，原名张妙玲（1922—2004）。河南巩县（今河南巩义市）人。中共党员。曾被选为一届、二届、三届、五届、六届、七届全国人民代表大会代表，是中国文联荣誉委员，曾担任中国戏剧家协会副主席、河南省文联副主席、河南省戏剧家协会主席等职务。

常香玉说：“艺术是不应该长白头发的。”为此，她把晚年的全部心血都倾注在了青少年演员的培养上。她主动请缨，担任河南省戏曲学校校长，亲自登台给孩子们授课，在排练厅跪到水泥地板上给孩子们做示范动作。她还担任河南省临颍县南街村希望戏剧学校的名誉校长，先后 8 次前往授课，最后两次是抱着重病前去观看孩子们的汇报演出的。1987 年，常香玉用自己积攒的 22 万元资金设立了旨在奖掖戏剧新秀的“香玉杯”艺术奖。

大仲马

亚历山大·仲马（1802—1870），又称大仲马，法国 19 世纪浪漫主义作家。

大仲马各种著作达 300 卷之多，以小说和剧作为主。代表作有：《亨利第三及其宫廷》（剧本）、《基督山伯爵》（长篇小说）、《三个火枪手》（长篇小说）等。

大仲马的小说大都以真实的历史作为背景，情节曲折生动，往往出人意料，有历史惊险小说之称。结构清晰明朗、语言生动有力、对话灵活机智等构成了大仲马小说的特色。大仲马也因而被后人美誉为“通俗小说之王”。

法国作家大仲马说过：“人生是一串无数小烦恼组成的念珠，乐观的人是笑着数完这串念珠的。”一个拥有阳光心态的人，全世界都会给你让路。所以因此，当我们牢骚满腹时，不妨换个角度看问题，多看事

物积极的一面，让乐观主宰自己，心情肯定会好起来的。让自己保持微笑，一切自然就云淡风轻了。

比尔·盖茨

比尔·盖茨，全名威廉·亨利·盖茨，美国微软公司的前任董事长。首屈一指全球闻名的科技奇才、大慈善家、环保人，与保罗·艾伦创办微软公司，曾任微软首席执行官和首席软件设计师，持有公司超过 8% 的普通股，是公司最大的个人股东。1995 年到至 2007 年的《福布斯》全球亿万富翁排行榜中，比尔·盖茨连续 13 年蝉联世界首富。

作为闻名世界的商界精英，盖茨为人谦和，处世低调。他讲话彬彬有礼，见人总是笑容可掬。有人形象地说：“盖茨见谁都笑，笑着笑着就把你的钱拿走了。”盖茨表示，在公开场合他并不常被打扰，很少有人找他要签名。但是尽管如此，他仍然觉得不自在。

尽管曾连续 13 年蝉联全球首富，盖茨从不喜欢摆阔，同时也非常讨厌那些喜欢摆阔的人。盖茨平时生活节俭，他甚至没有自己的私人司机，也没有包机旅行过。公务旅行时，他不坐头等舱，却坐经济舱。盖茨和妻子很少去一些豪华的餐馆就餐，有时由于工作上的需要才不得不光顾一些高级餐厅。一般情况下，他们会选择肯德基，或是去一些咖啡馆。

陶行知

陶行知，原名文濬（1891—1946），汉族，徽州歙县人。大学期间推崇明代哲学家王阳明的“知行合一”学说，取名“知行”。毕业于金陵大学（1952 年并入南京大学）文学系，中国人民教育家、思想家，伟大的民主主义战士，爱国者，中国人民救国会和中国民主同盟的主要领导人之一。

陶行知编的《自立歌》这样说道：“滴自己的汗，吃自己的饭。自己的事，自己干。靠天靠地靠祖上，不算是好汉。”不要总是依赖别人，把一切希望都寄托在别人身上，而要依靠自己解决问题，因为每个人都有许多事要做，别人只可能帮一时却帮不了一世。所以因此，靠人不如靠自己，最能依靠的人只能是你自己。

爱迪生

托马斯·阿尔瓦·爱迪生，世界著名的美国发明家、物理学家、企业家，拥有的重要的发明专利超过两千多项，被传媒授予“门洛帕克的奇才”称号。他是人类历史上第一个利用大量生产原则和电气工程研究的实验室来进行从事发明专利而对世界产生重大深远影响的人。

爱迪生出身低微、生活贫困，他的“学历”是只上过 3 个月的小学，老师因为总被他古怪的问题问得张口结舌，竟然当他母亲的面说他是个傻瓜，将来不会有什么出息。爱迪生虽未受过良好的学校教育，但凭个人奋斗和非凡的才智，自信、自强、自立获得了巨大成功。他自学成才，以坚韧不拔的毅力、罕有的热情和精力从千万次的失败中站了起来，克服了数不清的困难，成为著名发明家、企业家。他发明电话、电报、电机、留声机，实验并改进了电灯（白炽灯）和电话。在他的一生中，平均每 15 天就有一项新发明，因此而被誉为“发明大王”。

海伦·凯勒

海伦·凯勒，19 世纪美国女作家、教育家、慈善家、社会活动家。享年 88 岁。87 年生活在无声、无光的世界中。在 19 个月时因猩红热而导致双目失明，双耳失聪。

作家海伦·凯勒耳朵失聪了，身体瘫痪了，也不能说话，也看不见，但是她靠着一种顽强的精神创作，还能自己做家务。可见，海伦·凯勒的自立能力是多么强！同学们，我们有这一样的自立吗？人需要自立，不能凡事都依靠别人，自立应该从小做起，从自身做起。如果我们学会了自立，即使没有考上一个好的大学，也会是一个成功的人。

大卫·洛克菲勒

1915 年，大卫洛克菲勒出生于纽约市，当时他家虽已有亿万财产，可孩子们每周只能得到三角的零用钱，同时每人还必须准备一个小账本，按父亲的要求将三角钱的使用去向登记在上面，经检查后，如果使用合理，还能得到奖励。孩子们得到的零用钱随着年龄的增长而增长：十一二岁时，每周能得到一美元，15 岁时，每周能得到两美元左右。因此，大卫洛克菲勒长到后离开家时，已拥有许多账本。大卫洛克菲勒的父亲为了教育孩子从小懂得金钱的价值，故意将使孩子们处于经济压力之下。零用钱很有限，如果想多用怎么办？方法只有一个，自己去挣。大卫洛克菲勒小的时候就知道从家庭杂物中挣钱：捉住阁楼上的老鼠，每只可挣五分钱，而劈柴禾、拔杂草等杂活则按照时间来计算工钱。大卫有一招更绝，他设法取得了为全家擦皮鞋的特许权。然而，他必须在清晨六点以前起床，以便在全家人起床前完成工作，擦一双皮鞋五分钱，一双长统靴一角钱。大卫在童年时代没有享受过任何超级富豪的生活，他穿着和雇工一样的普通衣服，生活既简单朴素，又紧张而快乐。

自强自立是我们做任何事情的一个基本出发点。洛克菲勒大卫学会了自强自立，并一生坚持，积极进取，终于打出了自己的一片天地。

石田退三

石田退三于 1888 年爱知县生。1907 年滋贺县立第一中学校（现为彦根东高校）毕业。在京都河濑濑家具商店、东京市桥商店做学徒，1915 年在名古屋的纤维问屋?服部商店做勤务。受远房表兄儿玉一造（后来的东棉创始人）的推荐进入丰田纺织，作为丰田常驻上海代表，从事对中国和东南亚的纺织品出口，因为工作出色，得到丰田创始人丰田佐吉的知遇之恩。

1927 年回日本，在丰田纺织从审计员做到总管，1941 年任丰田自动织布机常务理事，战后 1945 年任专务，在丰田从织布机生产到汽车生产的转型中，开始持反对态度，但后来发挥了极为重要的作用，所以被称为丰田“中兴之祖”。1948 年就任丰田纺织社长，解决了严重的劳资纠纷。1950 年经营危机中的汽车业务并任丰田汽车社长，在日本汽车产业界独树一帜，为丰田后来的发展打下极为坚实的基础。1961 年从会长位置上退休，任资深顾问，1979 年逝世。，享年 90 岁。

保尔·柯察金

保尔即保尔·柯察金，是奥斯特洛夫斯基在《钢铁是怎样炼成的》中根据自己的生活所创作出来的完美的革命青年战士的形象，“勇敢，相信自己的力量，并在任何情况下也不怕困难”的精神，曾经教育了无数的中国革命青年。1957 年同名电影《保尔·柯察金》根据小说改编播出。

保尔是一个自觉的、无私的革命战士，他总是把祖国的利益放在第一位。在那血与火的战争年代，保尔和父兄们一起驰骋疆场，为保卫苏维埃政权而努力，同外国武装干涉者和白匪军浴血奋战，表现了甘愿为革命事业献身的精神。

保尔更是一个刚毅、坚强的革命战士，他在人生各个方面都经受住了严峻的考验。在敌人的严刑拷打面前，他宁死不屈；在枪林弹雨的战场上，他勇往直前；在与吞噬生命的病魔的搏斗中，他多次令死神望而却步，创造了“起死回生”的奇迹。尤其是他在病榻上还奋力向艺术的殿堂攀登的过程，表现了一个革命战士钢铁般的意志所能达到的最高境界。

张海迪

张海迪，汉族，山东省文登市人，中国著名残疾人作家，哲学硕士，英国约克大学荣誉博士。1983 年 3 月 7 日，团中央举行召开命名表彰大会，授予张海迪“优秀共青团员”光荣称号，并作做出向她学习的决定。1960 年，张海迪五 5 岁时因患脊髓血管瘤导致高位截瘫，自学完成了小学、中学和大学的学习，并学习针灸，在当地行医。1982 年 7 月 23 日同王佐良结婚。1983 年张海迪获得了两个荣誉：一个是“八十年代新雷锋”，一个是“当代保尔”。张海迪历任第九届、第十届全国政协委员。2008 年 11 月当选中国残联第五届主席团主席，2013 年 9 月 19 日选举连任中国残联第六届主席团主席。

希拉里

希拉里·黛安·罗德姆·克林顿，美国第 67 任国务卿，前联邦参议员，美国著名律师、政治家，美国第 42 届总统比尔·克林顿的妻子，美国前第一夫人（1993—2001）。

比尔·克林顿卸任后，她希拉里参加了 2008 年美国总统选举，并曾在民主党总统候选人初选中大幅度领先，但最终败给了伊利诺伊州的联邦参议员贝拉克·奥巴马。奥巴马成功当选后，提名她出任国务卿，并最终成为美国历史上的第三位女性国务卿。

她的政治立场偏向自由主义，在政界的影响力也不俗。舆论普遍认为她是美国历史上最有实权的第一夫人。

希拉里出生于芝加哥的一个中产阶级家庭。4 岁时的一件事锻炼了小希拉里坚强的意志和决断力。当时，社区中有个霸道的小女孩儿总是欺负希拉里，希拉里很害怕，泪流满面地向母亲诉苦。母亲告诉希拉里，若遭到欺负，就一定要毫不畏惧地还击。小希拉里的确这样做了。此后，希拉里天赋优秀的领导才能日渐显露，她身旁很快聚集了一大帮孩子。

卡莉·菲奥里纳

卡莉·菲奥里纳是惠普公司总裁兼首席执行官，出生于 1954 年 9 月 6 日。卡莉惠普前任女掌门卡莉。菲奥里纳曾是男性主导的硅谷中最亮丽的一道风景。精明强干、坚忍坚韧不拔的卡莉曾两度荣登《财富》“最有权威的女企业家”榜首，吸引了全世界的目光。卡莉从小就受母亲影响，从母亲那里学到了坚强、博学和热爱生活，并受益一生。

卡莉出生于美国得州一个带有欧洲血统的家庭。父亲是联邦法院的法官，母亲则是一位艺术家。在童年的卡莉心中，母亲一直是她最崇敬的人。母亲热爱生活，教卡莉做人的道理，使卡莉的潜能得到最大程度的发挥。卡莉童年时代随父母游历了不少国家，不仅开拓了眼界，更培养了思考问题的广度和深度，这对她成为一个有勇气、有魄力、自信并热爱生活的人也不无影响。

贝多芬

路德维希·冯·贝多芬，德国作曲家、钢琴家、指挥家，维也纳古典乐派代表人物之一。他一共创作了 9 首编号交响曲、35 首钢琴奏鸣曲(其中后 32 首带有编号)、10 部小提琴奏鸣曲、16 首弦乐四重奏、1 部歌剧、2 部弥撒、1 部清唱剧与 3 部康塔塔，另外还有大量室内乐、艺术歌曲、舞曲。他的作品对世界音乐的发展有着非常深远的影响，因此被尊称为“乐圣”，在世界交响音乐界，有着极其崇高的地位。

贝多芬说，他要扼住命运的咽喉，。如果我们没有贝多芬扼住命运咽喉的那份勇气，能给命运使个绊儿子也是好的。不论你是站着还是跪着，命运都会不加改变地到来。以为跪着就矮了一截，命运的风暴就会刮不到，这只能是一种天真。

当我们备受命运折磨的时候，我们会嗟叹命运的不公平。当有一天命运对我们倍加青睐的时候，我们却会安然 享受，不再去想命运是否公平。

心灵修养用语微解

自立：指不需要他人所给予的帮助，自己独立完成某事。

独立：指单独地站立或者指关系上不依附、不隶属。依靠自己的力量去做某事。

自信：指自己相信自己。自信对我们的生活非常的重要，我们的事业、我们的爱情、我们的生活、我们的工作，不管是哪一个领域，自信都是无比重要的。自信给人以力量，给人以快乐。正是有了自信，人们才充满了睿智，你和我的心中才升腾起无尽的希望。人们只有自信，才能让自己的人生之花开得更茂盛 、更灿烂。只有自信才能让生活处处是舞台，让人生越过越精彩。

达观：泛指畅通，谓心胸开朗，见解通达。语出《书·召诰》：“ 周公朝至于洛 ，则达观于新邑营。”晋·陆云《愁霖赋》：“考幽明于人神兮，妙万物以达观。”巴金·《春》十九：“过 淑华生性达观，琴看事比较透彻，又能自持，所以她们不曾淌一滴泪水。”

韬光养晦：指隐藏才能，不使外露。出自 《旧唐书·宣宗记》：“历太和会昌朝，愈事韬晦，群居游处，未尝有言。”

自力更生：更生：重新获得生命，比喻兴建事业。形容依靠自己的力量把事情办起来。孙中山 《中国问题的真解决》：“显而易见，要想解决这个紧急的问题，消除妨害世界和平的根源，必须以一个新的、开明的、进步的政府来代替旧政府，这样一来， 中国不但会自力更生，而且也就能解除其他国家维护中国的独立与完整的麻烦。”毛泽东 《抗日战争胜利后的时局和我们的方针》：“我们的方针要放在什么基点上？放在自己力量的基点上，叫作自力更生。”

自食其力：依靠自己的能力而生活。出处自《礼记·礼器》：“食力无数。”《陈浩集》说：“食力，自食其力之人。”例：居贫，自食其力，隐田

里间，以教授为业，非义不为，人敬惮之。明朝李昌祺《剪灯余话·泰山御史传》。

自强不息：强大自己必须通过坚持不懈的努力，这是自强不息的字面意思，深层次的意思是：一个人的处境即使再糟糕，但是通过持之以恒的努力和付出，可以成就一个强大的自己，若想强大自己，必须坚持，不放弃努力。语出《周易·乾》：“天行健，君子以自强不息。”

主见：自己对事物的确定的意见或见解。人要忠于自己，不必老是顾虑别人的想法，或总是想取悦于他人。生命可贵之处就在于按自己的想法生活，做你自己。为自己而做，为自己的梦想活，为自己的快乐而活，好好为自己生活。

独特：特有的、特别的，独一无二、与众不同的。

随波逐流：随着波浪起伏，跟着流水漂荡。比喻没有坚定的立场，缺乏判断是非的能力，只能随着别人走。逐：追随。

适者生存：达尔文自然选择学说的一个组成部分，认为自然选择使那些较不适应环境的个体淘汰，最能适应环境的个体得以保存和繁荣。

人云亦云：云：说；亦：也。人家怎么说，自己也跟着怎么说。指没有主见，只会随声附和，形容只会随声附和，没有自己的主见。

将欲取之，必先予之：要想夺取些什么，得暂且先给些什么。指先付出代价以诱使对方放松警惕，然后找机会夺取。

求人不如求己：仰求别人，不如自己努力。出自《论语·卫灵公》：“君子求诸己，小人求诸人”《文子·上德》：“怨人不如自怨，求诸人不如求之己。”

潜意识：心理学术语，是指人类心理活动中不能认知或没有认知到的部分，是人们“已经发生但并未达到意识状态的心理活动过程”。弗洛伊德又将潜意识分为前意识和无意识两个部分，有的又译为前意识和潜意识。

自暴自弃：出自《孟子·离娄上》。自己瞧不起自己，甘于落后或堕落。

机遇：机遇就是契机、时机或机会，通常被理解为有利的条件和环境。可以按照字面意思理解为忽然遇到的好运气和机会。一般来说，机遇有一定的时间限制或有效期，时间过后，就再也得不到了。

敢为天下先：敢于做先行者，开天下万物之先河，做他人未曾做过的事。出自《老子·第六十七章》："我有三宝，持而保之。一曰慈，二曰俭，三曰不敢为天下先。"